苏荣◎编著

中国纺织出版社有限公司

内容提要

每个人都或多或少被拖延所困扰过，拖延的时候虽然内心饱受煎熬却又很难从中脱逃。拖延使我们的工作效率低下，生活变得糟糕，并且还会影响我们的人生轨迹。

本书对拖延产生的原因进行详细分析，针对不同情况给出相应策略，帮助每个受到拖延困扰的读者认识自己拖延行为背后的深层次原因，认识拖延的可怕和危害，从而战胜拖延，迎来崭新的生活。

图书在版编目（CIP）数据

拖延心理学入门：完全图解版 / 苏荣编著. --北京：中国纺织出版社有限公司，2022.4
ISBN 978-7-5180-7623-9

Ⅰ.①拖… Ⅱ.①苏… Ⅲ.①心理学—研究 Ⅳ.①B84

中国版本图书馆CIP数据核字（2020）第123433号

责任编辑：张 宏　责任校对：高 涵　责任印制：储志伟

中国纺织出版社有限公司出版发行
地址：北京市朝阳区百子湾东里A407号楼　邮政编码：100124
销售电话：010—67004422　传真：010—87155801
http://www.c-textilep.com
中国纺织出版社天猫旗舰店
官方微博http://weibo.com/2119887771
天津千鹤文化传播有限公司印刷　各地新华书店经销
2022年4月第1版第1次印刷
开本：880×1230　1/32　印张：6
字数：106千字　定价：39.80元

凡购本书，如有缺页、倒页、脱页，由本社图书营销中心调换

前 言

现在，假如我们打开百度首页，输入"拖延"一词，关于拖延的解释或论述有几千万条。总结起来，它就是"以后再做"的含义。

现代社会中，人们已经逐渐意识到拖延问题的严重性。严格意义上说，拖延并非常规意义上的某种疾病，但一旦我们患上拖延症，就会行动迟缓、内心焦躁不安。在拖延的时候，我们内心其实一直惦记未完成的事，于是，我们一边没有行动，一边自责不安，反过来，各种负面情绪又加重了我们的拖延习惯。这样循环往复的行为，被称为"拖延怪圈"。一旦陷入"拖延怪圈"，我们的执行力会越来越弱，而这正是我们做事和实现理想的最大阻碍。

事实上，人们都在某种程度有过拖延行为。据不完全统计，有70%的大学生有不同程度的拖延习惯；25%的成年人有着慢性拖延问题。与此同时，有95%的拖延者希望减轻他们的拖延恶习。因为拖延问题，让他们的生活状态不够满意，为此倍感苦恼。

当然，拖延也有着不同的表现形式，其轻重也不同。比如，手头需要处理的事情太多，但总是无法集中精神在工作上，直到上司来催才懒洋洋地去做，总是不愿意主动去争取和努力；虽然已经下决心执行，但却苦苦找不到方法，于是只好拖延；状态差，提不起精神、情绪糟糕，对工作乃至整个人生都感到没希望；你是典型的完美主义者，在做事之前总是不断求证，希望找到最完美的方案，大把大把时间就被浪费掉……

拖延，对于每个人来说，都是一种不良的习惯。有拖延症的人意志薄弱，他们自我约束力差，习惯逃避困难或不敢面对现实。可见，拖延这一恶习会影响一个人一生的命运轨迹，只有改正这种拖延的毛病才能使得自己重新进入一种正常的生活轨道。

本书就是从这个角度展开论述，首先教会我们如何摒弃对拖延的恐惧、担忧以及羞耻等情形，因为只有在客观冷静的情绪下，才能看清自己是否是拖延者，以及为什么会拖延。然后再从心理上教会我们如何克服拖延症，让我们努力摆脱拖延症的干扰。也就是说，我们只有从本质上认知和理解自己的拖延行为，才能找到最适合自己的解决方法。

现在，假如你也是一名拖延者，那么，还等什么？赶快改变自己，重新发现生活吧！

编者著

2020年10月

目录

第1章 拖延心理的陷阱：别踏入拖延的沼泽 / 001

拖延的形式和症状有哪些 / 002

持续克服拖延心理，放下"明日复明日"的借口 / 007

"拖延症候群"的信号有哪些 / 011

你能跳出拖延的习惯性怪圈吗 / 017

别让自己陷入越拖延压力越大的恶性循环中 / 023

第2章 拖延心理的博弈：为什么最终选择拖着 / 029

拖延行为的产生是先天形成还是后天所致 / 030

别小看了行为的模仿和学习 / 035

宽容，让我们不断地拖延 / 040

因为对抗焦虑，你认为晚一点执行也可以 / 044

自我保护的目的，你认为不必要出类拔萃 / 049

第3章 拖延的心理危害：别让拖延成为心理最大的压力 / 053

拖延让你总是沉溺在悲观的情绪之中 / 054

拖延造成你的压力：妥协只是挥霍时间的借口 / 059

拖延造成你的自我评价：我本来就不行 / 063

拖延造成你缺乏动力：不思进取而满足现状　/ 066

第4章　拖延心理的症结：你会变成"拖拉机斯基"　/ 069

拖延与懒惰，如影随形　/ 070
对失败的焦虑：万一失败了怎么办　/ 074
"决策恐惧症"：人们为什么害怕决策　/ 077
在潜意识里害怕成功　/ 082
你真的享受拖延带来的劣质快感吗　/ 086

第5章　不找借口的心理策略：积极地甩掉拖延的尾巴　/ 091

借口总是拖延的挡箭牌　/ 092
所有的拖延借口都是会被识破的口是心非　/ 097
负责的人，不需要借口　/ 101

第6章　战胜抱怨的心理策略：做个不拖拉不抱怨的人　/ 105

习惯性抱怨导致拖延心理的产生　/ 106
从不浪费时间的人，没有工夫抱怨时间不够　/ 110
调整心情，做个不拖拉不抱怨的人　/ 114
与其抱怨环境，不如用行动来改变自己　/ 118

第7章　消除惰性的心理策略：惰性往往在拖延中滋生　/ 121

懒惰只会耗空我们的时间和生命　/ 122

抵制负面情绪侵蚀工作热情　/ 126

职场机遇钟情于勤奋不拖延的人　/ 131

做点分外事，其实不吃亏　/ 135

第8章　拒绝完美的心理策略：终结完美主义者的拖延症　/ 139

追求细枝末节上的完美只会耗费过多时间　/ 140

摒弃完美主义，抓大放小只做有意义的事　/ 144

完成比完美更靠谱　/ 148

第9章　高效执行的心理策略：在行动中赶走拖延的小偷　/ 153

快速决定：拖延会毁掉好的决策　/ 154

幸运总是降临在不拖延、抢占先机的人身上　/ 158

形成条理，优先处理最重要的事　/ 161

第10章　心念目标的心理策略：让你找到动力不再拖延　/ 165

目标明确，不在瞎忙中浪费时间　/ 166

按部就班，做好每个步骤　/ 170

做好职业规划，目标明确才更有动力　/ 175

审时度势，及时检查和修整你的目标　/179

参考文献　/183

第1章

拖延心理的陷阱：别踏入拖延的沼泽

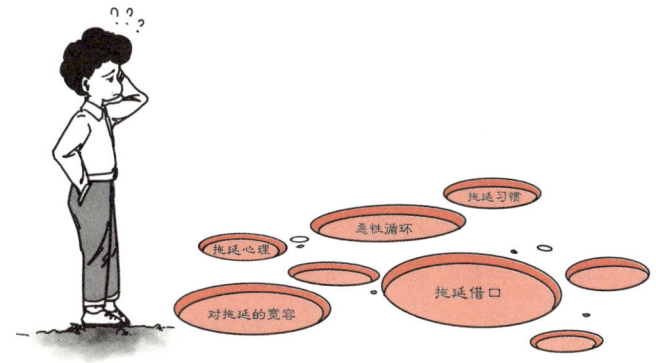

我们的生活中，有一些有拖延心理的人，他们总是会陷入拖延的怪圈：他们做事的过程和情绪都像坐过山车，原本他们有着美好的做事愿望，到最后却慢了下来，因为影响他们行为的因素实在太多了。并且，拖延者往往都有很大的精神负担——事情未能及时完成，却都堆在心上，既不去做，又不敢忘，压力接踵而至，实在比多做事情更加受罪。因此，我们要努力调节自己的拖延心理，立即行动。

拖延的形式和症状有哪些

我们都知道，那些有成就的人有很多优秀的品质，而做事绝不拖延肯定是其最重要的品质之一。生活中的每个人，要想在日后有所作为，也必须从现在开始就养成立即执行的习惯，而如果你有拖延症，你要做的第一步就是调节自己的拖延心理。

然而，我们不得不承认的是，在我们的生活中，从员工到总裁，从学生到社会青年，从家庭主妇到职场人士，拖延的问题几乎会影响到每一个人。因为了解自己的，始终是我们自身，你是否有拖延的习惯，也许你的上司、家人、老师并不知晓，但是你自己清楚，或许现在的你已经陷入了拖延的泥潭中，如果有，那么是时候解决这个问题了。

先来看看下面的故事：

有一位美丽的女士，她怀孕了，无聊的她想打发时间，于是，她买来一些漂亮的毛线，想着给未出世的孩子织一件衣服，可是她却迟迟没动手，总是懒懒地躺在床上，每当她想到那些毛线时，总是告诉自己："还是先吃点东西，看看电视，等会儿再说吧。"可是等她吃完东西、看完电视以后，她发现天已

第1章 拖延心理的陷阱：别踏入拖延的沼泽

经黑了，于是，她会说："晚上开着灯织毛衣对孕妇的眼睛不好，还是明天再织吧。"第二天，她还用同样的借口拖延。直到孩子出生，她才下决定开始织

时间过得真快，孩子很快就到一岁了，可是那件毛裙还没开始织，后来，她发现，这些毛衣已经不够给孩子织了。于是打算只给孩子织一个毛背心，不过打算归打算，动手的日子却被一拖再拖。当孩子两岁时，毛背心还没有织。直到四年后，她才把毛背心织好，可孩子上已穿不下了。

拖延心理学入门：完全图解版

马上行动 拖延并不能帮助我们解决问题，也不会让问题凭空消失，拖延只是一种逃避，甚至会让问题变得更严重，那么，你为什么还要逃避呢？那些成功者从不拖延。

这只是生活中的一个小故事，但它却告诉我们一个道理，那些有拖延习惯的人，多半都是拖延心理在作怪，而且，他们还总是会为自己寻找各种借口，要克服拖延的习惯，你必须先抛弃拖延的心理。如果不下决心现在就采取行动，那事情永远不会完成。

的确，我们都会在某种程度上犯这种错误：将今天应该做完的事情推到明天。享受现在的欢乐，延迟那不可避免的痛苦。但我们应该知道，即使在当下我们可以将这些痛苦抛出脑海，最终它仍然会到来，狠狠地击中我们并扰乱我们外在的平静。那么，拖延的症状都有哪些呢？

1. 缺乏明确的愿景

人们拖延的最重要的原因之一就是找不到努力的方向、太过迷茫，如果我们看不到未来清晰的愿景，又怎么会有动力呢？

为此，我们对将要达到的目标和为何这样做的原因有个清晰的构想，那么你会有足够的动力去努力并完成任务。

2. 计划不足

要想把事情做到最好，你心中必须有一个很高的标准，不能是一般的标准。在决定事情之前，要进行周密的调查论证，广泛征求意见，尽量把可能发生的情况考虑进去，避免出现1%的漏洞，直至达到预期效果。

3. 缺少时间

忙于做事并不意味着高效率。要善于利用每天的不同时间段。一般来说，上午头脑清醒，特别是第一个小时是效率最高的时候，可以将一些难度大而重要的工作放在此时进行。下午大脑一般比较迟钝，可以做一些活动量大又不需太动脑筋的工作。这将有助你提高工作效率，使工作早日完成。

4. 疲劳感

很多时候，人们之所以拖延，多半他们都会以疲劳为借口，但实际上，真正令人们疲劳的还是无休止地拖延一件事。一定程度上说，疲劳是可以控制的，如果我们早点休息，按部就班地完成任务，坚持做一件事，我们就能减少疲劳、增强自信心，逐渐克服拖延心理。

5. 对结果的恐惧

对结果感到害怕是拖延的另一个原因。一些人害怕失败，他们没有良好的完成任务的能力，因此他们推迟行动。不管你信不信，还有另一些人是害怕成功。他们可能知道完成特定的任务会给他们带来一些并不想要的结果。对此，我们要对完成或不完成一项任务的结局有明确的认识。

6. 自制力不足

在现今我们更容易受技术和额外的刺激影响，从而更难于保持注意力集中。在做事之前，我们最好先排除那些可能出现干扰的因素，比如关掉手机、网络等。

7. 惰性

惰性总是与拖延相伴相生的。你会发现，那些你不愿意做的工作，往往是你不喜欢做的事或者是难做的事，因此，要克服拖延心理，你首先要克服惰性，万事开头难，要把不愿做但又必须做的事情放在首位，而对于难做的事可以试着把困难分解开，各个击破；对于那些难做决定的事，则要当机立断，因为最坏的决定是没有决定。

持续克服拖延心理，放下"明日复明日"的借口

生活中，很多人在做事时总是拖延，拖延缴纳水电费、推迟约会、为未完成的工作任务找借口等，当你问他时，他的回答是："急什么，时间还多着呢。"在他们看来，任何事情都可以放到明天；然而，"明日复明日，明日何其多"，我们就这样在期望明天的状态下浪费了生命和光阴，而我们原本糟糕的状况丝毫未曾改变。

我们先来假设一下，有两个年轻人，他们能力不相上下，也都一无所有，一个年轻人目标明确，总是积极向上、每天干劲十足、努力充实自己；另外一个年轻人，他目标模糊、满足于现状、每天浑浑噩噩、得过且过，想象一下，五年后，他们会有什么不同？

尽管只有五年的时间，他们的差距已经显现出来了，前者通过自己的奋斗，已经小有财富，生活顺风顺水，事业越做越大、春风得意，而后者，稍微遇到一些问题，便慨叹自己解决不了，每天活在抱怨中，常常为生计、金钱而苦恼。

这两种人，你想做哪种？当然是第一种！但前提是你要克服拖延的坏习惯，而不是得过且过，浪费时间。

其实，我们没有意识到的是，把努力寻求改变的想法推迟到明天是一种逃避，我们在逃避那些需要我们努力付出才会有成果的事，然后还抱着船到桥头自然直的侥幸心理，为了避免内心不安，我们还会给自己寻找太多的借口，比如，今天实在太忙了，我太累了等。

每个人要想在日后有所成就，就必须先破除拖延的坏习惯，养成立即行动的好习惯。首先是一个态度问题，只要你坚持采用这种态度，久而久之就形成了一种习惯，然后，你再将这种习惯融入你的生活中，你就形成了某种优秀的品质。好习惯的形成和坏习惯的破除都需要一段时间，都需要一个过程，你只需要做到每天进步一点点，持之以恒，水滴石穿，必将能成就自我。反过来，每天拖延一点点，你就会越发懒惰，久而久之，后悔晚矣。明代大学士文嘉曾写过一首著名的《明日歌》："明日复明日，明日何其多，我生待明日，万事成蹉跎。世人若被明日累，春去秋来老将至……"这正是对做事拖延的真实写照。

那么，该怎样克服拖延的坏习惯呢？以下几点可供我们参考。

1. 承认自己有拖延的习惯，并愿意克服它

这是一切的前提。因为只有正视问题才能解决问题。

2. 看是不是因恐惧而不敢动手

害怕失败而迟迟不敢动手，这是爱拖延的一大原因。如果是这个原因，克服的方法是强迫自己做，假想我这件事就非做不可，最后你终会惊讶事情竟然做好了。

3. 严格地要求自己，磨炼你的毅力

意志薄弱的人常爱拖延。磨炼意志力不妨从简单的事情做起，每天坚持做一件简单的事，例如写日记。

4. 严防掉进借口的陷阱

各种借口，例如"时间还早""现在做已经太迟了""准备工作还没有做好""这件事做完了又会给我其他的事"等等，不一而足。

5. 避免做了一半就停下来

这样很容易让人对事情产生厌烦感。应该做到告一段落再停下来，会给你带来一定的成就感，促使你完成剩下的工作。

马上行动

任何美好的愿望只有在克服拖延习惯的前提下才有实现的可能。要知道，拖延是一种习惯，立即行动也是一种习惯，不好的习惯一定要用好的习惯来代替。

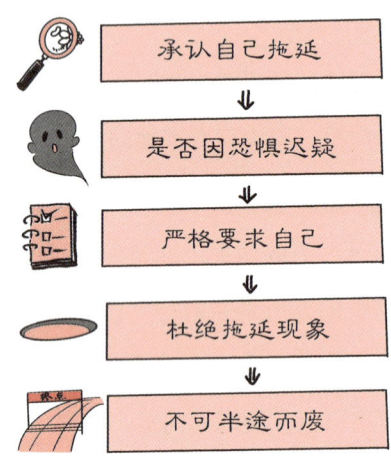

承认自己拖延
⇓
是否因恐惧迟疑
⇓
严格要求自己
⇓
杜绝拖延现象
⇓
不可半途而废

　　如果拖延的事情迟早要做，为什么要等一下再做？也许等一下就会付出更大的代价。那么，现在我们来问问自己，在日常生活中，有哪些事情是你最喜欢拖延的，现在就下决心将它改变。立即行动，这样就能变被动为主动，抓住机会，把事情做得更好。

"拖延症候群"的信号有哪些

有人说，只有行动才能缩短自己与目标之间的距离，而拖延是行动的大敌，拖延将不断滋养恐惧，任何成功的人都把少说话、多做事奉为行动的准则那些有拖延症的人总是用种种说辞为自己开脱："对方不配合""不可能的任务""苛刻的老板""无聊的工作"……最终，我们会陷入"工作越来越无趣""人生越来越无聊"的泥潭中，越加懒惰，越加消极，越加无望。我们把这些有拖延习惯的人称之为拖延症候群。

其实，拖延不仅不能省下时间和精力，反而使人心力交瘁，疲于奔命。如果这样还不够把你从拖延的梦魇里揪出来，那我只能杀下最后一棒："拖延消耗的不仅仅是精力，而是生命！"

马上行动 知识的获得是与勤奋相关联的,鲁迅说过:"伟大的事业同辛勤的劳动成正比,有一分劳动就有一分收获,日积月累,从少到多,奇迹就会出现。"

那么,你有拖延症吗?不妨来给自己做个测验吧:

(1)在你的工作清单里,有很多事,你也清楚哪些事更重要,哪些事次要,但你却还是选择了将那些不重要、难度小的事先做了,而越是重要的,反而越拖延。

(2)每次工作前都选择一个整点开始:一点半、两点……

(3)不喜欢别人占用自己的时间或者打扰自己工作,但其实最不珍惜时间的是你自己。

(4)原本你已经准备定下心来工作了,但还是在开工之前去冲了杯咖啡或者泡了杯茶,并给自己一个借口:这些饮品会让自己更易进入状态。

(5)在做某件事过程中,一旦出现了突发事件或者想法有变化,就立即停下手头的工作。

以上5条若有3条以上符合,很遗憾,你已加入"拖延症候群"。将拖延症进行细细划分,我们还可以将其分为四种。

1. 学习型拖延症

顾名思义,就是对待学业上的事总是一拖再拖,面对众多需要学习的科目、需要参加的学习活动等,没有紧迫感,也不

第 1 章 拖延心理的陷阱：别踏入拖延的沼泽

着手处理和学习。勤奋可以使聪明之人更具实力，相反，懒惰则会使聪明之人最终江郎才尽，成为时代的弃儿。

南北朝时，有一位名叫江淹的人，他是当时有名的文学家。江淹年轻的时候很有才气，会写文章也能作画。可是当他年老的时候，总是拿着笔，思考半天，也写不出任何东西。因此，当时人们谣传说：有一天，江淹在凉亭里睡觉，做了一个梦。梦中有一个叫郭璞的人对他说："我有一支笔放在你那里已经很多年了，现在应该是还给我的时候了。"江淹摸了摸怀里，果然掏出一支五色笔来，于是他就把笔还给郭璞。从此以后，江淹就再也写不出美妙的文章了。因此，人们都说江郎的才华已经用尽了。

也许有人会说，我还年轻，有大把的时间，但你可能没有意识到的是，现在的你还是聪明的，但如果你不继续学习，就无法使自己适应急剧变化的时代，就会有被淘汰的危险。只有善于学习、懂得学习的人，才能具备高能力，才能够赢得未来。

2. 工作型拖延症

你是否经常在上级一催再催后，才将报告交上去？你是否每天早上在进入办公室后花半个小时的时间回味昨天晚上的电视剧情节？你是否习惯了在坐下之前跟同事说几句话？如果你总有这些习惯，那大概这就是为什么你总是不被上司赞赏。

伍迪·艾伦说过："生活中90%的时间只是在混日子。大多数人的生活层次只停留在为吃饭而吃，为搭公车而搭，为工作而工作，为回家而回家。他们从一个地方逛到另一个地方，使本来应该尽快做的事情一拖再拖。"的确，因各种事由造成拖延的消极心态，就像瘟疫一样毒害着我们的灵魂，影响和消磨着我们的意志和进取心，阻碍了我们正常潜能的开掘，到头来终将使我们一事无成，终生后悔。

3. 婚恋型拖延症

可能你也发现，在你的身边，剩男剩女们越来越多，你可能也是其中一员，为什么会剩下，其实也是"拖延"的结果，我们总希望能在工作生活如意的情况下谈及爱情、婚姻，认为"不着急"，但如今，我们真的"着急了"。

4. 亲情型拖延症

"树欲静而风不止，子欲养而亲不待"，这是人生一大悲哀。很多时候，我们总在感叹，等我有钱了就陪父母去旅行，去和爱人和孩子享受天伦之乐，但时间不等人，亲情也不能等，如果想表达你对亲人的爱，别再拖延了吧。

总之，生活中的人们，无论是工作、生活还是学习，大事还是小事，凡是应该立即去做的事情，就应该立即行动，绝不能拖延，要尽全力日事日清。我们的一生中，确是有很多个明天，但如果把什么都放在明天做，那明天呢？明天的明天呢？有句话说得好，"我们活在当下"，明天属于未来，我们只有把握好现在，才能决定明天的生活。

你能跳出拖延的习惯性怪圈吗

在我们每天的生活中,很多人总是在上演拖延的戏码,那么拖延为什么会发生?又会在什么情况下发生,对这些情况了解得越多,越有助于我们克服拖延症。多数拖延症的产生,是因为拖延心理在作怪,拖延者总是会给自己找各种各样的理由,在事情开始的阶段,他们也有着美好的愿望,但随着时间的推移,他们的心态发生了变化,最终还是没将事情完成或者高效地完成。影响未完成的因素有很多,但这是一个恶性循环的过程,被我们称为"拖延的习惯性怪圈"。

当然，每个人拖延过程的周期长短是不一的，但都是从一个美好的愿望开始然后到一个失望的结局。也许在过去的几年、一年或者几个月内，你都陷在这个怪圈内，找不到跳出来的出口，那么，你有必要对这个怪圈再进行一个更深层次的了解。下面列举些"怪圈"。

1.这次我想早点开始

刚开始的阶段，我们往往充满自信，认为自己这一次一定能做到，于是，在着手做这件事之前，我们用这句话给自己打气。我们认为自己一定会按部就班地将这一任务完成。尽管你也明白，你不可能马上就做好这件事，这需要时间，但你还是相信：无论如何，我会努力。也许只有在经过一段时间后，你才会认识到自己正在逐步远离这一愿望。

2.赶紧开始吧

事情开始的最好时机已经过去了，实际上，你没有认识到自己原来美好的愿望已经不复存在了，但是你还会安慰自己，如果开始还是来得及的，所以，你对自己说："赶紧开始吧。"你虽然也有了焦虑的情绪，压力也向你走来，但你明白，时间还早着呢，不必太担忧。

3.我不开始又怎么样呢

又过了一段时间，你还是没有做手上的事。现在，盘旋在你脑海中的已经不是那个最初美好的愿望开端了，也不是那个会让你焦虑的压力了，而是到底能不能完成。

一想到自己可能完成不了,你开始害怕起来。然后还有一连串的想法:

(1)"我该早点开始的。"你明白自己已经浪费了太多时间,你不断地责备自己,你在想,如果早点开始就好了。但我后悔也没什么用了。

(2)"做点其他事吧,除了这件……"在这个阶段,你确切地知道自己该做什么事,但是你却在逃避这件事,反而去寻找其他一些可以替代的事,比如,整理房间、按照新食谱去饮食,这些事情在从前并没有那么吸引你,但现在,你却狂热地喜欢上了它们,因为这样,你能获得一些心理安慰,"瞧,至少我做成了一些事情！"你甚至会产生一种错觉，你原本并没有做到的事也会因为这些事的完美完成而增色不少，但实际情况当然不是如此。

（3）"我无法享受任何事情。"已经被你拖延了的事始终萦绕在你的心头，你也希望通过其他一些事来转移自己的注意力，比如看电影、做运动，与朋友们待在一起，或者在周末去做徒步旅行，但实际上，你根本无法享受这些活动带来的快乐。

（4）"我希望没人发现。"时间已经过去很久了，但事情却一点眉目也没有。你不想让他人知道你现在糟糕的状况，所以你会寻求其他种种方式来掩护。你让自己看起来很忙，即使你并未在工作，你也会努力营造一种假象，或许你会避开同事们、离开办公室等，表面看起来，你在为原本的工作忙碌，但只有你的内心知道，事情已经被延误了。

4.还有时间

此时，虽然你觉得内心愧疚，但还是抱着还有时间完成任务的希望，还是希望会出现能完成任务的奇迹。

5.是我的问题

此刻你已经绝望了。因为你深知，不但原本美好的愿望没有实现，就连最后希望出现的奇迹也未出现。你的愧疚和后悔都已无济于事，这时你开始怀疑自己："是我……我这个人有毛病！"你可能会感觉到：是不是在某些方面做得不到位，或者缺了什么，比如，自制力、勇气或运气等，为什么别人能做到呢？

6.最后的抉择：做还是不做

到了这个时候，你只有两个选择了：背水一战或干脆不开始做了。

选择之一：不做。

"我无法忍受了！"内心巨大的压力让你实在难以忍受了，另外，剩下极少的时间也表明，再去开始做，希望也很渺茫。于是，你干脆告诉自己："算了，放弃吧。"并且，你还会自我安慰："反正都没用了，何必庸人自扰呢。"最后，你逃跑了。

选择之二：做——背水一战。

（1）"我不能再坐等了。"此刻，压力已经变得巨大，你已经认识到时间的重要性，你这样告诉自己，"哪怕一秒钟也不能浪费了"，你很后悔自己浪费了时间，你感到哪怕最后搏一把也比什么都不做强得多，于是，你决定再努力一把。

（2）"事情还没有这么糟，为什么当初我不早一点开始做呢？"你对事情的难易程度再做了一次评估，惊讶地发现，虽然它很困难，但却也没想象中的那样痛苦，而且，最重要的是，现在的你已经着手在做了，这让你觉得充实很多，你也为此松了一口气。你甚至还找到了其中的乐趣，你所受的折磨看来根本是不必要的，"为什么当初我没有上手做呢？"

（3）"把它做完就行了！"离原本胜利的目标不远了，事情马上要做完了。你从未觉得时间如此重要，你不容许自己浪费一分一秒。这就好比一场冒险游戏,当你沉浸其中,发觉时间不足时,已经没有任何多余的时间去进行计划、思索了,你把所有精力都放到了如何将这件事完成上,而不是将事情做到最好。

第1章 拖延心理的陷阱：别踏入拖延的沼泽

别让自己陷入越拖延压力越大的恶性循环中

总有人这样感叹："压力真是太大了，总有很多事做不完。"其实，你的压力从何而来呢？如果从不拖延时间，还会如此忙碌吗？你是否有过这样的经历：周一的早上，上司交代给你一件任务，并嘱托你这件事十分紧急，周一下班前必须交上去你暗暗下决心，一定好好工作，不过不急，还是先把办公室后收拾一下吧……就这样，一个小时过去了，两个小时过去了，你的工作还未开始。

相信这是很多职场白领工作的写照,你是不是经常陷入这种泥潭中不能自拔,你是不是觉得压力很大,甚至已经无法透气了。我们发现,在接受一项工作任务后,由于拖延,时间慢慢流逝,我们也会逐渐变得焦躁和不安,在这样的情绪下,我们会选择更多其他的方法来逃避,到了工作的截止日期,我们开始坐立不安、充满焦虑感,压力直接扑向我们,让我们十分难受。

其实任何一名拖延者都清楚这是一个恶性循环,也知道拖延的负面效应,但他们还是似乎无法避免地进入到这个泥潭中,那么,为什么会这样呢?我们大致分析了一下,原因有:

第一,太过自信。

一些人在接受任务时,会想:"太小儿科了,根本不值得我花费精力和时间去处理,过两天再说吧,不着急。"然而,他们轻看了事情的难度,当时间接近尾声时,他们再着手开始处理的时候,发现时间已经不够了。

第1章 拖延心理的陷阱：别踏入拖延的沼泽

第二，自信心不足。

与第一种情况完全相反，这些人对自身的能力进行评估时认为，自己能力不够，会影响其他同事的工作进度，尤其是被其他人催促后，他们的自卑感更严重了，于是，为了逃避这种心理，他们就选择了拖延。

第三，排斥工作。

一些人面对难度大、耗时多的工作，便产生了一种厌烦的情绪，于是，他们便能拖多久就拖多久，甚至到最后时间也不愿意开始执行。

其实，日常工作中，我们在执行某项任务时，总会遇到一些问题。而对待问题有两种选择。一种是不怕问题，想方设法解决问题，千方百计消灭问题，结果是圆满完成任务；一种是面对问题,一筹莫展,不思进取,结果是问题依然存在,任务也不会完成。

第四,拖拉的坏习惯。

丹丹是一家时尚杂志的专栏作家,她从事这个行业已经五年了,她通常的工作方式是:当领导把任务交给她的时候,她每次都会从傍晚时就开始酝酿感情,但是她会去超市买几包零食,比如,酸奶、咖啡、薯片等,然后回到家,打开电脑,吃完零食、和聊天工具上的朋友们都聊完以后再玩几个小游戏。不知不觉时间过去了,当大家在网络上跟她说晚安的时候,她也想睡觉了,但是稿子还没赶出来,所以她只好打开文档,开始慢吞吞地敲着字,交上去的稿件总是比预定时间晚,也总被领导训斥,丹丹其实也不想这样,但每次她似乎都是走不出这个怪圈。

撰稿人丹丹就是个习惯性拖拉的人,假如她能改掉这一不良的工作习惯,也许工作效率会提高很多。

可见，拖延势必会造成压力，而压力过大对于一个人的负面影响是毋庸置疑的，那么，我们如何才能走出这样的恶性循环呢？

1. 制定工作计划

在开展工作时，我们可以作出一个详细的关于每月或者每周的工作计划，并养成一种良好的工作习惯，避免工作时紧时松，使工作时间得到合理安排是完全可行的。

2. 克服畏难情绪，规定自己首先处理一些重要事务

我们每天都要处理很多事务，可对此，很多人认为，先处理那些不紧要的事务，会起到激励自己的作用，实际上，这种想法是错误的，把最紧要的事情拖到最后来干，你会发现，经过一天疲惫的工作后，你已经没有精力和时间来完成它了。

而我们之所以有这样的想法，实际上是因为有畏难情绪，是有意识地回避那些重要的、难度大的工作。因此，我们一定要克服这样的心理倾向，首先着手于最重要工作，用足够的时间、精力来处理它，并把它办好。

3. 为自己设置一个必须要完成的期限

曾经有个实验，面对一个学习平均成绩很低的儿童，家长准备让他修学分最低的功课，但儿童心理学家却提出了完全相反的意见——建议他多修一些课。结果出乎大家意料，这个学生多修课后，所有功课成绩不降反升。事实上，这个学生要做的就是打起精神，提高学习效率。

 **马上行动** 时间在现代社会里已成为一种有限的资源,为此,我们必须戒除拖延的坏习惯,这样,我们就能提高工作效率,减少工作压力,从而更轻松地工作、享受工作带来的乐趣。

很简单的道理,如果我们发现距离最后期限的时间还尚早,那么,我们也不会有紧张情绪,而随着时间的迫近,我们的紧张情绪就会增加;到了最后期限,我们完成任务的积极性、关注度就会完全被激发出来。

为克服惰性,避免拖拉的现象,我们应该为工作设置一个尽可能短的完成时限,通过给自己压力而产生动力,这样,所有的工作便能尽快地完成;而对于那些对未来起重要作用的长远目标和长远规划,则应进行合理分解,并为这些分解后的目标也设置一个个严格的时限,这样做的好处是防止我们在日常工作中将这些小目标忽视和遗忘。

第2章

拖延心理的博弈：为什么最终选择拖着

生活中，我们经常听到一些拖延者解释自己的拖延行为："我天生就拖延，没救了。"其实并不是如此，拖延行为是后天所致，并不是先天形成的，他们这样解释，也无形中会形成一个心理定势：我无法改善现状，无法克服拖延的习惯。其实，要突破拖延的心理怪圈，我们首先还是要找到拖延的根本原因。那么，到底是什么让我们最终选择一直拖着呢？

拖延行为的产生是先天形成还是后天所致

对于拖延行为产生的原因，在学界历来众说纷纭，有的学者给出了生理学上的原因，他们认为，在人的大脑中，负责人的执行功能的是前额叶皮层，并起到了过滤的作用，以此来降低其他大脑的某些部分带来的分散注意力的刺激，而这个部分的活性降低或者损伤，都会减弱这种功能，进而人的执行能力也会受到一定程度的影响。

也有一些学者给出了心理学层面的原因，他们认为，随着人的成长，我们的接触面也在不断地扩大，在充满挑战的社会生活中，我们的心理也在逐步发生着变化，也就逐步形成了拖延的习惯，有的还掉入了拖延的怪圈。

学界说法不一，那么，拖延行为的产生是先天形成还是后天所致呢？其实是后者。我们先来听听几个职场人士是怎样阐述自己的经历的：

小刘现在是一家食品公司的车间主任，在这个岗位上他已经工作三年了，闲下来的时候他会回忆曾经那个充满斗志的自己。三年前，他是一名基层员工，每天都会早早地起来，然后来到车间工作，领导来视察的时候，他都在埋头工作。接连一年多的时间,他每个月都会被评为生产模范,因为工作努力,他被领导选拔为车间主任。

然而后来,身为基层管理人员的小刘开始懈怠了。比如,中午吃完饭,原本他准备去看看车间生产情况,但听到其他主任说:"急什么,有工人在,等会儿再去也行啊。"小刘心想也是这个道理,便决定睡个午觉再去工作,醒来的他看到其他领导都在打牌,心里痒痒,也加入其中,大家一起抽抽烟、喝喝茶,一下午时间又过去了。

上面的案例中，小刘的经历告诉我们，很多人不是天生就是拖延，而是后天逐渐形成的。形成拖延的原因有很多，比如对他人的模仿、周围环境的影响等。针对这个问题，我们再做三点分析：

1. 人的先天特点中没有拖延

所谓先天，顾名思义，就是生来即存在的、未曾经过雕琢的。从我们来到这个世界的那一刻起，我们就如同一张白纸一样，除了对生理的基本需要，我们一无所知。那个时候除了大声啼哭以证明我们饿了、渴了以外，我们不懂得任何表达的行为。我们的很多行为都是在逐步成长的过程中形成的，是受到了来自外界的诸多因素的影响。

随着我们逐渐进入社会、开始参与激烈的社会竞争，我们的内心所承受的压力越来越大，我们所接受的任务难度也在逐渐加大，于是，我们便产生了逃避的行为，也就是拖延。

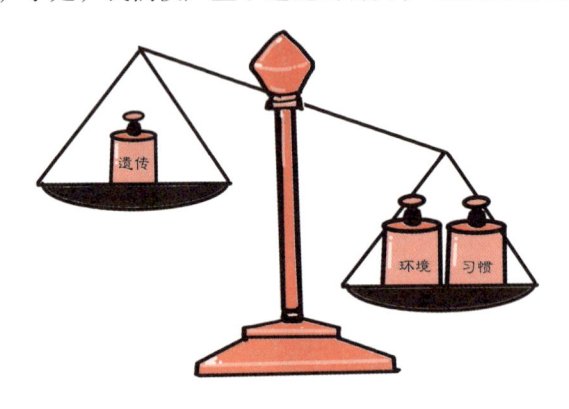

形成拖延的原因

> **马上行动**
>
> 拖延行为的产生不是先天形成，而是后天所致，相信这一点，我们就有意愿和能力逐步克服自己拖延的行为，只要我们将自己的想法付诸行动，并努力坚持，相信会取得很好的成效。

2. 拖延产生的原因部分源于外在环境的因素

有时候，我们会认为那些拖延者总喜欢给自己找借口，固然是借口，但也表明了一点，人的行为是容易被周围环境的变化而影响的，比如，因为天气恶劣，我们没有及时到达公司；因为生病我们没有按时将任务交给上级等。在拖延者身上，是存在心理和行为分离这一特点的。他们明明知道该怎样做、该如何行动，但实际情况却是他们没有按照自己内心真正所想的去做。比如，原本打算周四前去某个地方，却到周末了还没有去。原本计划下午约见客户，但到中午了还没给客户打电话。

很多人总是会以此来作为行动拖延的借口，并且，在自己的拖延行为没有造成恶劣后果前，会不断允许自己这样做，最终，真正的拖延习惯就形成了。

3. 人的后天心理变化形成拖延习惯

还记得孩提时代，我们无忧无虑，家长让我们去做什么，我们立即就去做。那是因为我们没有压力，随着时间的推移、我们不断长大，有了烦恼，再到进入社会，面临着激烈的社会竞争，我们开始有了做不完的工作，面对我们不想做的事，还是必须硬着头皮去做，工作任务越来越难，我们也觉得自己被压得喘不过气来。此时，我们会产生逃避的心理，只要发现有一点空隙的时间可以拿来拖延，我们绝不放过，尽管我们知道，这些工作我们还是必须要去做。

别小看了行为的模仿和学习

在前面的分析中,我们已经了解到,人的拖延行为并不是先天形成,而是后天所致,是受外界环境因素的影响和后天心理变化而产生的,因为拖延行为和习惯的产生,我们的预期目标总是无法完成。相信你曾经历过这样的场景:原本你打算开始工作,但看到其他同事在一起聊天喝茶,你的心情也放松了很多,认为自己也可以不着急。我们也常常这样安慰自己:"他们都还没开始呢,不着急。""每次他们开始一半了,我才开始也能完成工作,他们都还在娱乐呢,我也可以等一等。"我们总是以他人的标准来看自己的行为,如果看到别人还未实施,我们就好像获得某种恩准一样可以不工作。

事实上,只要我们处于一个集体中,都会不自觉地以他人作为参照物来衡量自己的行为,也会模仿和学习他人的行为习惯,尽管这些习惯未必全是积极的。我们来看下面的案例。

小徐是个很热情活泼的年轻人,他在一家广告公司工作,他聪明、办事能力强,与周围人的关系相处得很好,也深知协作的重要性,所以他总是保持着和同事一致的工作进度。这天,领导又交给大家一个任务,希望大家能分工完成。

这天中午，小徐问另外两个同事："你们开始做了吗？"

"没有，周四开始也来得及呢，这个项目我们有很多经验，花不了多少时间的。"

"就是啊，每次我们交上去了策划案，领导还不是过了好几天才看。"

小徐听到这里，也觉得是这个道理，于是，就和其他同事一样拖到最后才开始。

上面这个故事中，职场白领小徐和为什么会产生拖延的行为习惯？原因当然有很多，不过最重要还是周围人的影响，他们看到周围人迟迟未开始，自己获得了心理安慰，也就没有紧迫感。

其实这一情况在我们很多人身上都发生过，我们常说："近朱者赤，近墨者黑。"这就是环境对人的影响。一个人最终能形成良好的习惯还是恶习，也是环境对我们作用的结果。

具体来说，以下三种因素会让我们产生拖延行为。

1. 从众心理让我们一拖再拖

我们都是社会的人、集体的人，任何人都不可能单独存在，我们是家庭的成员，是企业的成员，所以，无论你是什么身份，你都会接触到各种各样的人，你的行为也会受到他们的影响。

同样，在你的工作环境中，也总是有一些和你关系要好的同事。试想，快到下班时间了，你的任务还没完成，你原本想，再工作一会儿，别把工作拖到明天，但这时，你的铁哥们儿已经朝你走过来了，他兴致勃勃地对你说："走，晚上去喝一杯，兄弟几个好久没聚了。"

"可是我的工作还没做完呢。你们去吧。"

"去吧去吧，大家都等着你呢。"另外几个同事也走过来说。

此时，你动摇了，也就跟同事一起下班了，你的工作，也被你抛到九霄云外了。

的确，人都有从众心理，尤其是面对那些烦琐的工作、沉重的压力，这一心理就会被激发出来，只要我们找到行为的榜样，我们就会效仿他，就在不知不觉中形成了拖延行为，并且一旦形成习惯，便很难改变。

2. 我们能从他人的拖延行为中获得心理安慰

自古以来，人与人之间都会比较，甚至是攀比，有些人会攀比某些外在的因素，比如，金钱、社会地位等，一些人会在行为上进行攀比，同样的工作，别人有没有做。这不是刻意地比较，而是无意识的，以此来获得某种心理平衡或者证明自己的价值。

同样，在工作中，当我们看到周围的同事还未着手做某件事时，我们也会告诉自己：他都没开始呢，我何必着急？或者我们的心里有这样一种声音：我们能力相当，他也没做，如果我们同时晚点做，我是能在他前面完成的。这样，无形中，你们并未同时努力工作，而是同时将工作推后了。

> **马上行动**
>
> 我们的拖延行为在很大程度上是源于对周围人的模仿和学习，这能使我们获得心理安慰，对此，千万不可小觑这一负面影响，认识这一点，当我们处于某一集体中时，一定要懂得去其糟粕，取其精华，否则便会对自己产生不利的影响，形成拖延习惯，甚至难以自拔。

3. 对他人拖延行为的模仿

我们从出生开始，就在学习和模仿，我们学习如何走路、说话、识字等，这些是好的模仿行为，但也有一些不好的，比如说脏话、懒惰、拖延等。

的确，从正面的、积极的学习和模仿中，我们不断成长、获得知识和技能，然而，对那些不好的行为习惯的模仿，让我们变得消极怠惰。比如，当你看到周围的人都没有完成工作也没有什么严重的后果时，你便暗示自己，我也不用那么快完成工作，慢慢来吧，结果可想而知，我们便陷入了拖延的泥潭中。

还有一点，我们总是希望自己能被周围的人喜欢，都希望自己能合群，对于众人的拖延行为，如果你鹤立鸡群，与众不同的话，势必会被排挤出去，为了避免这一点，在潜移默化中你也在学习如何拖延。

宽容，让我们不断地拖延

也许你也是一名拖延者，和所有的拖延者一样，在你的内心其实也意识到自己的拖延行为，也希望自己可以戒除这一行为习惯，然而，每次当你满怀希望地认为自己可以努力做到立即实施时，你还是被自己打败，然后还是不断地拖延、陷入拖延心理的怪圈。难道拖延对我们的诱惑真的就那么大吗？到底是什么让我们在不断地拖延呢？

前面，我们已经分析过，拖延行为的产生是多种因素共同作用的结果，并非先天形成，而是后天所致，外在的因素，尤其是他人对我们的影响很大，然而，单单外在的因素是不能直接对我们产生作用的，还需要内因的共同影响，所以，不要再把所有的责任归结到他人身上，最根本的原因在于你自身。

那么，产生拖延行为的根源到底是什么呢？

我们知道，拖延怪圈就像一个恶性循环一样，在这一循环的过程中，我们看到的是，我们的拖延行为一次次被原谅，一次次被宽容，然后还是继续一次次地拖延。宽容我们的对象，可能是我们自身，也有可能是他人，无论是谁，我们总是走不出这样的怪圈。

从故事中小张的经历看，他之所以不断地拖延，是因为他不断地被宽容。的确，无论宽容我们的是我们自身，还是他人，只要有宽容的存在，我们就找到了拖延的理由。我们再对这一问题进行分析。

1. 宽容自己的表现通常是找借口、为自己辩解

一旦我们的工作拖延了、我们迟迟未着手做某件事，我们总是能为自己找到各种各样的借口，尽管这些并不是真的原因。我们找借口只是为了宽容自己，让自己不受到内心的责备。

比如，我们经常会在内心告诉自己："今天天气太冷了，去和客户谈生意，客户肯定心情也不好，所以我没去。""女朋友昨天对我提出分手了，我的心情实在太糟糕了，我根本没有心情工作，这不怪我。""晚上的汤实在太难喝，我到现在胃里还不舒服，实在无心加班。"我们似乎总是在等待一个绝佳的做事的时机，然而，这样的时机存在吗？随时都有可能出现让我们情绪不佳的情况，难道我们就不需要工作了吗？

另外，即便我们心情不好、天气糟糕，我们还是可以坚持工作，因为我们的身体和大脑即使在这样的情况下还是能正常运行。当然，如果你一味地找借口原谅自己，那你只能浪费时间。可见，借口和自我辩解都只是为了让自己的内心好过一点，不让自己有过多的负罪感。

2. 来自他人的宽容

为了减少负罪感，我们会宽容自己，我们告诫自己，下次我一定会努力开始工作，但下一次你真的做得到吗？也许你确实下了狠心，但你发现没，你的上司或老板似乎对这件事并不是太在意，当你告诉他因为一些原因还未完成工作时，他告诉你："没事，再给你几天时间，慢慢来。"此时的你怎么想，是不是认为既然老板都不着急，我何必着急？很明显，老板的宽容更纵容了你的拖延行为。

除了自身的宽容外，他人的宽容也是我们产生拖延行为和习惯的又一大催化剂，我们常会这样认为：我只是一名员工，老板都不在意我是否如期完成，我又何必在意！于是，你更加肆无忌惮。

3. 你总在告诉自己："下次我一定……"

当你再一次拖延后，你对自己说："这次虽然我没按时完成工作，但下一次我一定努力及早开始，然后准时完成……"所谓的"下一次"只不过是自欺欺人而已，当你进入了拖延的泥潭中，再想改善现状真的那么简单吗？我们还是在宽容自己，然后把希望放到下一次。当然，你已经认识到了自己的拖延行为，那既然如此，为什么不努力改变呢？

如何改变是我们真正需要关心的内容，这需要我们从改变自己的意识开始，也许你认为作为一名员工，上司是你的行为榜样，他宽容你，你就不必在意自己的拖延，但工作只是我们人生的一部分，如果把工作中的拖延行为带到生活，带入我们人生的各个方面，那么，我们永远都会比别人慢一拍，我们的热情、梦想都会丢下我们，这样的人生真的是你想要的吗？从这一点考虑，我们都有必要戒除那些自欺欺人的宽容，将拖延习惯连根拔除。

因为对抗焦虑，你认为晚一点执行也可以

现实的工作和生活中，当我们进入一个新的环境或者遇到了一件我们难以预知和掌控的情况时，便在内心产生一种焦躁不安的情绪，有时甚至寝食难安、提不起兴趣，这就是焦虑。此时，我们会自动、自发地寻找可以对抗焦虑情绪的措施，比如、逃避、转移注意力等，当然，还有拖延，这样，你会心里舒服些。

上级交代给我们的任务，总是带有一些让我们不愉快的因素，谁在工作时都不可能绝对称心如意，此时，我们内心的焦虑情绪就会产生，我们会不情愿马上去着手做这件事，只要我们发现还有可以拖延的时间，我们一定会拖延，直到必须交出工作成果。可见，为了对抗焦虑情绪，我们在工作中便认为晚一点执行也可以。实际上，在我们工作的圈子中，也可能包括我们自身，经常会采用这样的方式来对抗焦虑。

媛媛今年22岁，刚大学毕业，和其他大学毕业生一样都缺乏社会和职场经验，在亲戚的介绍下，她进入了现在的这家文化公司工作，主要负责稿件文字的校对、修改，还没一个星期，她就觉得压力太大了，领导考虑到她是没经验的新人，于是给他找了个前辈张姐。

第2章 拖延心理的博弈：为什么最终选择拖着

马上行动

我们常常听到一些人抱怨："这项任务难度太大了，我实在不想做。""这件事太烦琐了，还是吃完饭以后再开始吧。"当你说出这些话后，其实你已经在用拖延对抗焦虑情绪了。

张姐经常听到媛媛抱怨："天哪，100多页，什么时候才能弄完，还是明天开始吧。"好不容易到了第二天，媛媛修改了两三页，张姐又听到她说："真是烦琐的工作，修改半天才只有两三页，算了，还是吃完午饭再弄吧。"就这样，一个星期过去了，媛媛还是停留在刚开始修改的部分。这让张姐很头疼。

从以上故事中，媛媛认为工作太烦琐、内容太多而迟迟没有展开工作。的确，当今社会，无论我们从事什么工作，都必须面临激烈的竞争和强大的工作压力，内心自然而然也就会出现焦虑情绪，此时，我们要做的，并不是一味地用拖延来抵抗，而是应该积极舒缓自己的情绪，然后找出应对策略，让自己尽快投入工作中，具体来说，我们应该这样做。

1. 认识自己焦虑情绪的存在

其实，很多时候，我们在焦躁不安时，却并未认识到这一情绪会对自己造成什么不利影响。因此，一旦发现自己有焦虑情绪时，就应该学会自我调节、自我调整，把意识深层中引起焦虑和痛苦的事情发掘出来，必要时可以采取合适的发泄方法，经过发泄之后症状可得到明显减缓。比如，当你感到工作压力大、无法释怀的时候，你可以跟领导沟通下，寻求好的解决方式，这样也避免了因徘徊不定而造成工作的拖延。

2. 放松心情，舒缓紧张情绪

如果你面临一个新环境，或者接到一件难度大的工作时，你不要一直提醒自己这些不好的因素。有句话叫智者调心，焦虑情绪的产生完全是由于错误的观念和消极的心理状态引起的。

你需要认识到，无论你的工作任务是什么，烦恼都无济于事，最主要的还是必须着手开始，只有这样，才能逐渐达到目标。为此，你首先要学会放空，让自己专注于身心。那么，什么叫放空？假如把人们的大脑比喻成一个容器，那么，放空就是把这个容器中使你焦虑不安的事情都忘记，或者把那些使你紧张得夜不能寐的情绪统统释放出去，取而代之的是淡然。

3. 专注事情本身，淡化焦虑

如果太注重工作的成功或失败，那么，最终的结果只能是你又将工作拖延了，只要你注重工作本身的特点及规律，专心致志地做好它，你就会收到意想不到的效果。

4. 建立自信，相信自己能做好

那些易对工作产生焦虑的人，通常都有自卑的特点，遇事时，他们多半会看低自己的能力而夸大事情的难度；而一旦遇到挫折，他们的焦虑情绪和自卑心理更为明显。因此，在发现自己的这些弱点时，就应该引起重视并努力加以纠正，绝不能存有依赖性，等待他人的帮助。有了自信心后就不会再因焦虑而拖延工作了。

5. 与时俱进，努力提升自己的能力

一个人只有保持思想、技术上的先进性，才拥有更强的处理问题的能力，才能在遇事时找到最佳的解决方法，而不至于因为手忙脚乱而陷入拖延的泥潭里，因此，作为一名职场人士，我们要懂得时刻为自己充电，要随时随地学习，只有这样，你才能有不断提高自己的意识，才有更强的应变能力。

6. 多交一些行动迅速的朋友

与什么样的人在一起，你就拥有什么样的行为习惯，行为拖沓的同事，只会让你也效仿他，为此，你最好结交那些看起

来积极向上的同事和朋友,这样,你也会产生更多的能量和自信心去着手解决难题,而不是逃避。

总之,无论我们做什么事,要想真正解决问题,就不能逃避,立即行动起来,焦虑才会无处遁形。

自我保护的目的，你认为不必要出类拔萃

拖延行为产生的原因有很多种，也有可能是众多原因一起作用的结果。一些人会对自己的拖延行为感到自责，并希望下一次能及时着手工作，但一些人似乎本身就不对工作结果抱有良好的愿望，在他们看来，只需要做一做就可以了，正是因为这样的心态，让他们不断地拖延工作。

我们都希望自己的工作能力得到肯定，这是证明自身价值的一种方式，同事的认同、上级的赞扬或者升职、加薪，这都是我们所在意的，也是我们内心脆弱的地方。然而，一旦我们因为拖延工作而失去这些的时候，我们便会在内心安慰自己：我根本不在意这些，我又没指望自己出类拔萃，其实这只是自我安慰，越是自我麻痹，我们越是会拖延行动。

小贝在一家企业担任行政部门的文员，这是个"清水衙门"，平时也没什么大事，不过倒是和其他部门之间联系比较紧密，因为很多事都要经过行政部的批准。然而，在公司甚至部门内部，很多人都不知道有小贝这个人的存在，因为她太普通了，普通的长相、普通的学历、普通的职位，其实这不是最主要的原因，问题是小贝自身，她自己从来不争取什么，无论

做什么，她总是慢悠悠的。

一次，一个关系不错的同事问她："任务完成得怎么样了？"她回答说："马马虎虎周末前能完成吧。"

"你没想过更好更快地完成工作，然后获得上级嘉许吗？"同事这样问。

"我没想过这一点，一般般就好了，我觉得没必要表现得那么优秀。"同事再没有说话。

以上故事中，我们可以看出，小贝与小秦都是拖延者，他们拖延的原因也都是因为他们不在意，不需要那么优秀，小贝认为"一般就好"，小秦则不希望"枪打出头鸟""不想得罪人"。但无论如何，我们都能看出他们的消极心态。

如果你也是这样的人，那么，不妨问一下自己，你真的不在乎吗？还是因为已经拖延了而不在意后果呢？真正的原因在后者。这种消极的心态一旦占据我们的内心，就不仅仅是工作拖延这一问题了，我们还会变得行动迟缓、精力不足、缺乏动力、食欲不振甚至可能情绪忧郁，严重的还会产生心理疾病。反过来，如果努力破除拖延的习惯，凡事立即行动，也会改变我们的生活和工作状态，让我们自身充满活力。

当然，一些人可能会认为，"枪打出头鸟"，那些在职场太进取的人，通常会成为别人嫉恨和打击的对象，聪明的处事方式是比别人慢一点，这也是保护自我的方式。

> **马上行动**
>
> 总之，我们可以看出，对于很多拖延者的心理"我不需要那么优秀"只是一种自我安慰，或是为了不想让自己那么辛苦而找出的借口，这样，一旦他们行动拖延时，就不必自责，正是这样一种消极心理，导致了他们长期行为的拖延。为此，我们在工作过程中，有必要破除这一心理，努力调整自我。

的确，职场切忌锋芒太露，但这并不是鼓励我们做事拖延。毕竟，"做事"与"做人"不同，领导和上级欣赏那些会为人处世者，但他们也不希望员工行为拖沓、耽误工作。所以真正聪明的职场人总是奉行低调做人、高调做事的行为准则，他们从不放弃的一点便是努力学习、充实自我。

第3章

拖延的心理危害：别让拖延成为心理最大的压力

在现代社会，时间就是效率，就是金钱，任何人都在抓紧时间做事。然而，一些拖延者却总是在为自己找借口，他们的大致状态是：因为他们有太多的工作需要做，导致精神不振、状态不佳、情绪糟糕，但越是这样，他们越是拖延，他们始终处于这样的负面状态中，掉进拖延的怪圈。

拖延让你总是沉溺在悲观的情绪之中

工作中，我们犯错了，或者工作任务没做到位，被领导叫到办公室狠狠地批评了一顿，此时你是什么心情？是不是感到十分委屈？感觉自己在领导心里留下了极为不好的印象？是不是觉得自己日后在职场无立身之地了？一系列负面的暗示让我们的心情十分糟糕，我们沉浸在悲观之中，还有什么心情工作，于是，致使手头上的工作一拖再拖。

可见，悲观情绪会让我们产生拖延，产生更大强度的压力。

王帅是个多愁善感的小伙子，虽然他才二十几岁，但他已经显得老态龙钟了，他从来不与朋友一起出门玩，而是一个人坐在藤椅上，一言不发地凝神静思，有时还莫名其妙地唉声叹气。在长吁短叹中，王帅已步入中年。

有一次，他看一本心理学书籍，书中的主人公和自己太像了，主人公向一个心理学家倾诉了自己的苦恼，而心理学家却一语道破了其中的原因："你已经三十几岁了，但你有反思过过去吗？你过去之所以从未快乐过，关键在于你总把已经逝去的一切看得比实际情况更好，总把眼前发生的一切看得比事实更糟，总把未来的前景描绘得过分乐观，而实际却又无法达到。如此渐渐地形成了恶性循环,自然就钻入'庸人自扰'的怪圈了。"

看到这里,王帅才发现,一直以来,自以为成熟的自己,却一直在做不成熟的事。

心理学家还说:"人的性格弱点就在于好高骛远,总是向世界提出不切实际的要求。"这就是不成熟的表现。这则故事中,年轻人杰克为何会荒废自己的大半生时间?这是因为他总沉浸在悲观失望之中,假如他能早一点管理自己的情绪,也许就能早点行动起来。

在现实生活中,很多人悲观情绪产生的主要原因还是因为犯了错,一味地悔恨让他们感到失望、悲观,其实,人非圣贤，孰能无过。任何人都会犯错误，关键在于能否从中吸取教训，分析犯错的原因，避免今后重新犯相同的错误。犯错误未必是一件坏事。它可以让我们看到自身的缺点，体会到自己的不足，这样我们才会从错误中逐渐成长起来。

那么，针对因悲观而产生的拖延问题，我们该怎样解决呢？

1. 别再抱怨你的失败

情绪想立刻有所改善，就必须从现在起，从我们所处的一片混乱的环境中解脱出来，去重新梳理自己走过的路，看清楚功过得失，这样就能做到心平气和，也就自然能管理自己的情绪了。

2. 转变观念，别再沮丧

除了工作，生活中的我们也可能遇到某些困难，遇到某些不顺心的事，你可能会因此变得沮丧。其实，应告诉自己，困境是另一种希望的开始，它往往预示着明天的好运气。因此，你只要放松自己，告诉自己希望是无所不在的，再大的困难也会变得渺小。

3. 自我性格的纠正，成为一个果敢的行动派

无论是企业还是领导，最不希望看到的就是员工因为犯错而一蹶不振，进而工作拖沓，他们也常常鼓励员工从错误中不断学习、不断提高。松下幸之助说："偶尔犯了错误无可厚非，但从处理错误的做法中，我们可以看清楚一个人。"施振荣说："宏碁有一个特点，就是允许犯错。因为我们认为，认

输才会赢。"世界五百强企业西门子也同样允许下属犯错误，在他们看来，如果员工在几次错误之后变得更"茁壮"了，那对公司是很有价值的。

4.做一个上进的人，提升自己解决问题的能力

每个人，都应该学会提升自己，这是保持思维活力的最佳良方，为此，你一定要树立终身学习、随时学习的理念，要善于发现身边值得学习的东西。因为提升自己不一定要脱离现在的工作，更没必要脱产走回学校。因为年龄、经济等条件不允许，我们不可能再走回纯粹的学生时代。随用随学，做有心人，留心身边的人和事，学会随时发现生活中的亮点，并注意总结别人的成功经验，拿来为自己所用，这可能是生活和工作中能让自己进步得最快的一招。

> **马上行动**
>
> 总之,弱者任思绪控制行为,强者让行为控制思绪。在通往破除拖延行为和习惯的路上,管理情绪可是一个重要关卡。因此,只有积极乐观的人才有立即行动的执行力。

也就是说,我们要做一个上进的人,要不断扩大自己的视野和知识领域,并能有所收获。我们要把学习当成一生要做的功课,这样才有助于塑造一个心智丰富且具有良好世界观的聪明人。

拖延造成你的压力：妥协只是挥霍时间的借口

现代社会，谁都无法避开越来越大的压力，面对压力，一些人产生了更强大的动力，迎着压力前进，也有一些人向压力妥协。

心理学家称，高目标才能调动更高的积极性，使人们朝着目标全力以赴，而低目标则因为其低要求，使人们不愿付出高于工作的努力。后者通常会有这样的表现：面临上级交代的任务，他们只会敷衍了事、拖拖拉拉，这样又怎么能与那些做事果敢、效率高的人竞争呢？可见，压力大很多时候只不过是拖延者的借口而已，他们只是在高压下妥协了。

那么，面对妥协，我们该怎样去做呢？有两点建议：

1.积极主动，冲破压力

有一天，正值放假，但小方需要值班。就在这个平凡的值班日，却发生了一件意想不到的事。

躺在椅子上休息的小方突然听到电报机滴滴答答传来的一通紧急电报，吓得从椅子上跳起来。电报的内容是：附近铁路上，有一列货车车头出轨，要求上司照会各班列车改换轨道，以免发生追撞的意外惨剧。

这可怎么办？现在是节假日，能下达命令的上司不在，但如果不现在决策的话，就会产生一些不可预料的恶果。时间慢慢过去了，事故可能就在下一秒发生。

小方不得已，只好敲下发报键，以上司的名义下达命令，调度列车立即改换轨道，避免了一场可能造成多人伤亡的意外事件。

当做完这一切后，小方心里也开始紧张起来，因为按当时铁路公司的规定，电报员擅自冒用上级名义发报，唯一的处分是立即革职。但又一想，这一决定是对的。于是在隔日上班时，写好辞呈放在上司的桌上。

第3章 拖延的心理危害：别让拖延成为心理最大的压力

但令小方奇怪的是，第二天，当他站在上司办公室的时候，上司当着小方的面，将辞呈撕毁，拍拍小方的肩头说："你做得很好，我要你留下来继续工作。记住，这世上有两种人永远在原地踏步：一种是不肯听命行事的人；另一种则是只听命行事的人。幸好你不是这两种人的其中一种。"

一个人之所以妥协，并不是能力的不足和信心的缺失，而是在于平时养成了轻视工作、马虎拖延的习惯，以及对工作敷衍塞责的态度。要想克服这一点，必须要改变态度，拥有诚实的态度，负责、敬业的精神，积极、扎实的努力，才能做好工作。

2.积极寻找解决方法，立即行动

任何人都不是完美的，都不可能将所有事都做到天衣无缝，即便在规划完善的前提下，依然可能会出现一些问题。这时，如何看待问题、处理问题，直接考验我们的应变能力，这时如果能立即采取补救措施，甚至能帮我们转危为安。

大多数时候，我们遇到的只是一些小问题，但却没处理好，之所以如此，有时候，是我们自乱阵脚而已。不难发现，任何一个做事高效、有时间意识的人，都有很强的处理问题的能力。

事实上，工作中偶尔出现一些问题在所难免，焦躁、着急、焦虑都无济于事，任何难题，只要从容应付、找到问题关键所在，都能迎刃而解。

另外，我们需要认识到的是，是否能处理问题以及将问题

> **马上行动**
>
> 不得不说，在我们的现实工作中，一些人在遇到压力时，总是采取逃离、躲避、拖延的态度，他们认为，一切问题都会随着时间的流逝而解决的。因为他们面对危机的心态通常是：侥幸心理、鸵鸟政策、推卸责任、隐瞒事实，然而，这一妥协的态度不仅无助于问题的解决，甚至还会加重问题。

负面影响降到最小，最重要的还是看速度，速度就是效益，一旦问题产生，我们就要明白速度等于一切，一定不能拖延，而应该积极寻找问题出现的根源，还应寻求周围人的帮助，集中一切资源着手解决问题。

拖延造成你的自我评价：我本来就不行

我们都知道，自信是对自己的高度肯定，是成功的基石，是一种发自内心的强烈信念。相反，如果一个人总是自我怀疑，认为自己这不行那不行，那么，久而久之，他便真的不行了。事实上，自我怀疑也是人们拖延行为产生的一个重要原因。

在拖延者的心中，经常会有这样一些声音："这件事我肯定做不了。""我不想被嘲笑。""太难了，我无力应对。"这些负面的评价让人们消极和懈怠手头上的工作，因为在他们的潜意识中，要想最大限度地逃避失败的打击，就只有拖延时间。其实，我们不难想象，任何一个自我怀疑的人都不可能取得工作上的成就，因为他们总是在自我设限，他们认为自己在规定时间内做不到，他们不敢挑战更大的目标，更不敢参与人际竞争，对于别人的成功，他们也只能自怨自艾，一旦出现挫折，他们很难走出来。相反，一个人一旦有了自信后，就会积极向上，会比别人更有执行力，更有耐挫力，当他们遇到问题时，也更有勇气面对，而正是这种力量指引着他们不断走向成功。可见，破除拖延习惯的第一步，就是破除自我怀疑。

那么，我们该如何破除自我怀疑呢？

1. 正确认识自己，接纳自己

一个人要对自己的品质、性格、才智等各方面有一个明确的了解，方可在生活中获得较为满意的结果。除此之外，不要讨厌自己，不要以为自己羞怯就容忍自己的短处。一个人不要看不到自己的价值，只看到自己的不足，认为自己什么都不如别人，处处低人一等。

2. 学会正确与人比较

拿自己的短处跟别人的长处比，只能越比越泄气，越比越自卑，一些人因为学历不如人、能力不如人便产生"无用心理"就是这个原因造成的。

3. 鼓励自己，给自己打气

也许现在你正在做一件难度很大的事，要承受来自各方面的压力，你可能怀疑自己，也想过放弃，但你必须坚持下去。在给自己制定计划的过程中，你要给自己打气，最终，你会看到成果。

4. 摒除那些消极的习惯用语

这些消极的习惯用语一般有：

"我好无助！"

"我该怎么办？"

"我真累坏了！"

……

相反，我们可以这样说来激励自己：

"忙了一天，现在心情真轻松！"

"上帝，考验我吧！"

"我要先把自己家里弄好。"

"我就不信我战胜不了你！"

5. 敢于挑战高难度，相信自己的潜力

一个自信的人，常看到事情的光明面，他们到哪里都会光彩夺目，为此，即使现在的你依然只是一名普通的员工，但你要相信自己，拥有这样的信念，你才勇于接受更好的挑战，无论你做什么，都能有优秀的表现，都能挖掘出你意识不到的潜力。

拖延造成你缺乏动力：不思进取而满足现状

我们都知道，很多机器的运行都需要动力的推动作用，比如，火箭升天、汽车行驶等，我们日常的工作和生活也是如此。不知你是否曾思考过这样的问题：我为什么要工作？为什么要干事业？大部分人的回答是养家糊口、供养家庭，也有一些人提出了更高层面的意义：实现自身价值。很明显，这都是我们工作的动力。

那么，一个人如果缺乏动力呢？不难想象，这是一个不思进取的人的状态。他来上班就是为了坐等下班，为了每月的薪水，工作中上级交代的任务，会一再拖延，因为在他看来，今天完成和明天没有分别。当你问他有什么梦想和目标时，他的回答是："目标和理想能当饭吃吗？"这是一种多么糟糕的人生和工作态度。我们也不难想象，缺乏工作动力的人不会有大的成就。

我们也常常听到一些庸庸碌碌的人感叹命运的不好，他们总习惯于把自己的艰难归咎于命运，事实上，世上真正的救世主不是别人，正是你自己。你完全可以摆脱消极的想法，成为一个积极向上的人，在工作中培养自己的热忱，找到自己的目标，那么，你就能为现在的自己做一个准确的定位。

第3章 拖延的心理危害：别让拖延成为心理最大的压力

> **马上行动**　真正改变人生的，往往就是我们的态度。不思进取，最后也只能平庸。

那些拖延者之所以没有大的成就，就是因为他们太容易满足而不求进取，他们参与工作只是挣取足够温饱的薪金。要知道，不甘于平庸，超越优秀，成为卓越者，就可以把事情做到最好。据社会学专家预测，未来的社会将变成一个复杂的、充满不确定性的高风险社会，如果人类自由行动的能力总在不断增强，那么不确定性也会不断增大。

你应该意识到，各种变化已经在你身边悄然出现，勇敢地投身于其中的人也越来越多，而如果你不积极行动起来、缺乏竞争意识、忧患意识，安于现状、不思进取，如果你还没被惊醒的话，就会被时代抛弃，被那些敢于冒险的人远远甩在后面。

在我们工作的周围，为什么有些人受人敬重，有些人却被人看不起？前者是因为他们有野心，凡事努力；而后者，是因为他们得过且过，总是拖拖拉拉，即使掉在队伍后面，也不奋起直追，这就注定了这类人无法成大事。有野心，是一种积极向上的心态，它为所有人创造了一种前进的动力。在很多时候，成功的主要障碍，不是能力的大小，而是我们的心态。

总之，每个人都应该明白，最大的危险不在于别人，而在于自身。如果你总是意志消沉、不思进取，那么，即使曾经的你有再大的雄心和勇气，也会被抹杀，而一生碌碌无为。我们绝不能甘于平庸，要为自己的人生负责，做与众不同的人，你才有可能触及理想与幸福。

第4章

拖延心理的症结：你会变成"拖拉机斯基"

在我们生活和工作中，拖延症无处不在，并且，拖延症表现形式各异。虽然不少人想努力摆脱拖延症，但却总是逃不出拖延症的"魔爪"。人们常说："对症下药"，我们要想戒除拖延症，就必须先要搞清楚是谁把你变成了"拖拉机斯基"，只有这样，你才能找到"治疗"的良方，下面，我们就来揪出这个"凶手"吧。

拖延与懒惰，如影随形

每个人都有懒惰的心理，这是人类的天性。可以说，一个人在可以懒惰的情况下，不会不懒。只是有些人能克服自己的惰性，并能以勤奋代之，最终取得成功；而有些人则任由懒惰这条又粗又长的枯藤来缠着自己，阻挡着自己的前进。

英国地质学家史密斯曾说："如果懒惰不产生恶习或祸患，那通常也一定产生沮丧。"从他的这句话中，我们能看出来懒惰这一恶习所带来的负面影响。事实上，我们所讨论的拖延与懒惰是一对孪生兄弟，他们总是狼狈为奸，阻碍我们积极向上。

人们常说，人生苦短，行色匆匆，有的人青云直上、事业有成，有的人庸庸碌碌、毫无作为，这两种完全不同的人生情景，实则来源于截然不同的两种人生态度，前者珍惜时间、勤奋拼搏；后者则懈怠拖延、行动迟缓。勤奋可以使聪明之人更具实力，而相反，懒惰则会使聪明之人最终江郎才尽，最终成为时代的弃儿。

学习是成功前进的必要元素。而当今社会，只有知识才能改变命运，只有学习才能突破，才能具备竞争力。

曾经有人说："懒惰是最大的罪恶，上帝永远保佑那些起得最早的人。"懒惰是现代社会中很多人共同的缺点，他们总是为自己的懒惰找借口，而正因为如此，他们最终也丧失了很多成功的机会。因为人的一生，可以有所作为的时机只有一次，那就是现在。一个人只有坚持"不找借口找方法"的信念，才能对自己的事业有热情，不管遇到什么事，都能以办法代替借口。

在工作和生活中，不少人都有这样的体验：你本来打算做某件事，但是过了好久还是没有开始；或者觉得自己想去但就是不想动手。

> **马上行动**
>
> 以心理学操作性反射的原则为基础，对于人类的行为方式进行观察后，心理学家提出这样一种改进方式，以纠正惰性生活方式，并由这种惰性生活方式的结束而带来整个人生的良性改变。这种方式叫普瑞马法则。

要克服惰性心理，你首先就要认识到它的负面效应。懒惰拖延并不能帮助我们解决问题，也不会让问题凭空消失，它只是一种逃避，甚至会让问题变得更严重，那么，你为什么还要逃避呢？

那接下来，我们该怎样克服惰性呢？你如果有兴趣坚持尝试一周按照以下方式生活，你会发现整个人都不同了。

给自己几天时间加以训练吧：你可以先给自己的行为做一个记录，把你每天都要做的事情记录在册，记住，是所有的事。当然，吃饭、穿衣这样的事还是剔除，这样，即便粗略地记录大概也有十几件，然后你可以按照自己的兴趣将这些事进行排序，比如，你最讨厌的事可以放到第一位，最喜欢的放在最后。

然后，就按照你所列举的顺序来行动吧。早上，当你一起床的时候，你就先做那些你最讨厌的事，然后接着是第二件、第三件……到最后，你所做的是你最喜欢的事。

这是一个可能让你觉得操作起来有难度的事，不过坚持就是胜利，千万别在中途放弃、转而去做你喜欢的事了。

为什么这样做能帮你克服惰性呢？因为这是一种强化作用的方式——先处理困难的事情，再处理稍困难的事情，这样，就能对前面所做的事情起到一种强化的作用，并且，在这个过程中，强化的效果会越来越明显，直到你认为自己完全有能力可以控制自己、将那件事做好。

这是效果极好的改变惰性的方法。并且，对于容易出现心情抑郁的人，这种方法也有助于调节心情，不过，这都需要你坚持去做。

最后，当你真正做到能自制的时候，你可以自我奖励一番，及时肯定自己，然后记录进步，在获得某种成就感之后，你会找到继续努力的动力。如果你试试，并且多一些坚持，你将发现，生活和工作是多么轻松有趣的事情！

对失败的焦虑：万一失败了怎么办

在生活中，相信每个人都有自己的梦想或目标，然而，最终能达到自己目标的人却是少数。究其原因，是很大一部分人缺乏立即执行的精神。他们在行动前，就开始产生焦虑：万一失败了怎么办：这样永远都不会开始，只会与目标渐行渐远。

同样，在现实工作中，一些人因为害怕承担失败带来的后果而迟迟不敢着手做手头上的事，他们宁愿承认自己没有努力，也不愿意承认自己能力不足，他们会为自己寻找各种借口拖延，到最后，就能名正言顺地不必承担失败的责任。

> **马上行动**
>
> 可能一直以来，你都认为自己是个勇敢的人，但一旦要到真正可以表现自己勇气的时候，却左右迟疑、不敢付诸实践。其实，这不是真的勇敢。因为勇敢不是停留在言语上，而是要放手去做。

2007年，美国卡尔加里大学的教授发现，人们拖延行为的产生与害怕失败有一定的关联，一些人因为害怕失败而立即行动起来，但一些人却因此选择逃避和拖延。

更为有趣的是，一些心理学家还对那些因为害怕失败而产生拖延行为的人做了心理评估，经过评估，心理学家发现他们有几点共性：否定自己、相信宿命、习惯无助。很明显，这些都是消极的心理症状，被这些负面情绪缠绕，怎会有快乐可言？虽然，立即实行的后果可能是失败，但拖延也是失败，为何不放手一搏呢？最重要的是，很多时候，事情并没有我们想象得那么糟糕，甚至只是我们杞人忧天而已。

有时候，我们对某件事很担心，但只要转念一想，最好的状况莫过于……以这样的心态面对，其实就没有什么可担心的了。

尼采说："世间之恶的3/4，皆出自恐惧。是恐惧让你对过去经历过的事苦恼，然后惧怕未来即将发生的事。"的确，我们只要做到不念过往、不畏将来，就能变得勇敢。

很多时候，消除恐惧的方法只是做个痛快的决定，只要想做，并坚信自己能成功，那么你就能做成。

消除焦虑、立即行动乃至获得成功的钥匙就掌握在自己手中，只要我们积极主动一点，那么，幸福与快乐触手可及。在做事的过程中，一些人总是担心失败后的情况，因此产生了不必要的焦虑和拖延行为，但实际上，我们谁也不必要去预料明天，我们要做的就是把握当下。

"决策恐惧症":人们为什么害怕决策

生活中,我们经常要面临两难的抉择,尤其是在现今这个信息多而乱的社会中,做出正确的抉择更不是一件易事,这就需要我们有出色的判断能力。然而,一些人因为害怕做出错误的决策而左右迟疑、当断不断、不愿实施,为自己带来很多困扰。我们将这种人称为有"决策恐惧症"者。因为害怕决策,他们经常拖延。

李芳经人引荐,去一家待遇较好的时尚杂志面试。为此,她精心修饰了一番:白衬衣、粉红短套装裙,打扮得很漂亮,出门前家人都认为她这份工作肯定没问题了。但中午的时候,李芳回家了,却一副沮丧样,家里人问怎么回事,原来问题出在面试官身上,可以说,李芳是被牵连的。

李芳应聘的是杂志文字编辑一职,她和其他几位应聘者一样,都带上了自己的文稿,但这几篇文稿文笔相当,面试官好像是个有决策恐惧症的人,在思索再三后,他告诉几位面试者:"你们稍等下,过会儿给你们面试结果。"然后面试官就去了主编办公室。李芳透过办公室的玻璃,看到主编发脾气的情形,还听到了这样几句话:"每次让你拿主意的时候,你都来问我，那我请你回来工作干什么，算了，这次的面试取消，过几天我自己来处理，让他们都回去吧。"李芳的心都凉了。

面试官从主编办公室出来后，对大家说："这件事实在不好意思，我想大家应该都听到了，希望你们能找到一份好工作。"

案例中，这位面试官因为害怕决策而请教主编，但很明显，他是个有"选择恐惧症"且工作拖延的人，什么事都劳烦上司，自然会让上司不快。但职场中，很多人都和案例中的面试官一样，他们之所以害怕决策，是担心决策失误，于是，他们常常将决策权交给上司，最终的结果是，上司的工作量明显增多，久而久之，他们便成了上司"除之而后快"的对象了。

相反，也有一些聪明的下属，他们深知上司日理万机，在一些琐碎事件上，懂得自己拿主意并立即执行，为上司免除了不少烦恼，这样的人更容易获得信任。

李宏毕业后，误打误撞就进了现在的这家公司，从事产品销售的工作。可能是年少轻狂，也可能是信心十足，李宏面对这份工作，表现出了极大的热情。这天，上司让他去一个地方开发市场，那地方十分偏僻，上司曾经把这个任务派给过3个人，但都被他们推脱掉了，因为他们一致认为那个地方根本不会有市场，即便去了也是徒劳。但李宏则不这么想，他认为，如果自己能开辟出这片市场，那么，即使自己还是个新人，在公司也能站稳脚步，给领导留下个好印象。于是，他出发了。

令同事们感到惊讶的是，三个月后，疲惫的李宏回到了公司，他带回了好消息，那里潜在的市场很大。

其实，李宏在出发前，也认定公司的产品在那个偏僻的地方没有销路。基于坚决的服从意识，他还是毅然前往，并用尽全力去开拓市场，最终取得了成功。

李宏的这种决断力是我们必须学习的。无论什么时候，都应该主动、积极地去完成领导交给你的任务，这是执行的第一步。任何一个领导都不会喜欢做事犹豫不决、迟迟不动手、问长问短的下属。

那么，我们该怎样学会决策、立即执行呢？

1. 着眼于当下的工作

一群年轻人到处寻找快乐，但是，却遇到许多烦恼、忧愁和痛苦。他们向老师苏格拉底询问，快乐到底在哪里？

苏格拉底说:"你们还是先帮我造一条船吧!"

年轻人暂时把寻找快乐的事放到一边,找来造船的工具,用了七七四十九天,锯倒了一棵又高又大的树;挖空树心,完成了一条独木船。独木船下水了,年轻人们把老师请上船,一边合力荡桨,一边齐声唱起歌来。苏格拉底问:"孩子,你们快乐吗?"

学生齐声回答:"快乐极了!"

苏格拉底道:"快乐就是这样,它往往在你忙于做别的事情时突然来访。"

2. 准确领会上级的意图,做出正确的决策

"失之毫厘,谬以千里。"这句话用在职场执行任务上再贴切不过。这里所说的领导意图,是上级领导在布置工作、下达任务、做出指示时的本意,希望达到的目标和效果,它是组织工作的出发点和归宿。事实证明,只有真正领会领导的意图,才能将任务执行得准确、到位。

1、着眼于当下的工作

2、准确领会上级的意图,做出正确的决策

3、对于已经做好的决策,只需充当执行者

> **马上行动**
>
> 烦恼的产生，很多时候都是因为过多思考的原因，无论我们做了何种决策，都会存在失败的风险，但也同时有成功的可能，一味地拖延，让他人为你决策，你的执行力也永远只能原地踏步。

3.对于已经做好的决策，我们只需要充当执行者而不是决策者

即使你在企业的职位再高，只要你不是老板，都要记住一点，你是协助领导完成工作的人，并不是制定决策的人。所以，对于领导的决定，你可能觉得不是很完美，甚至你完全否定，但当你的建议无效时，你也应该完全放弃自己的意见，全心全力去执行上司的决定。

当我们在执行领导布置的任务时，如果你发现领导的决定是错误的，那么，你需要做的，也是唯一该做的就是，尽可能地将这项错误造成的损失降到最低。

在潜意识里害怕成功

前面,我们已经分析过,一些人因为害怕失败而迟迟不动手,这情有可原,但心理学专家在分析拖延的心理因素时称,一些人会因为害怕成功而拖延,也许你会认为,太荒谬了吧,简直是开玩笑。事实上,这种情形确实存在。很多人在潜意识中,的确对成功有着恐惧,也正是因为这种恐惧的存在,让他们不敢行动,最终与成功擦肩而过,只不过,人们对成功产生恐惧的理由因人而异。

张晓敏五年前就在这家策划公司工作了,可以说是一名资深员工,她能力出众、待人温和,几乎所有的同事和领导都喜欢她,这不,在最近的人事变动中,领导决定让她担任策划总监,从一名策划升到策划总监,这确实是值得庆贺的事情。这天中午,她的同事兼好友王璨把她约到咖啡厅,想当面道喜。

"恭喜你啊,周总监。"王璨故意改变以往说话的口吻,她确实为好姐妹开心。

"有什么开心的,愁死我了。"张晓敏叹了口气。

"升职了,应该高兴了,别人盼还盼不来的呢,有什么可愁的?"王璨就纳闷儿了。

第4章 拖延心理的症结：你会变成"拖拉机斯基"

"说实话，我根本就不想升职，不想加薪，就现在这样当个策划，我都觉得压力大，有做不完的事情，要是再当个总监，我还要做更多的事，承受更大的压力，我恐怕一点自己的空间都没了，再说，万一做不好呢，原本公司就有个跟我实力相当的人一直觊觎这个职位，我应付不来这个工作的话，他们更有理由找茬了。另外，我本来就是个不喜欢与人争抢的人，我也应付不了每天对下属指点来指点去的工作，一旦成了总监，我想大概每天也都有人在议论我，就连我穿了什么衣服、剪什么发型，估计都成为大家的谈资，被人始终盯着的滋味实在不好受。"

听完张晓敏的话，王璨点了点头，确实是这么个道理，然后她接着问："那你准备怎么做？任职命令可是已经下达了的呀？"

"能怎么办？躲着呗！能拖就拖，接下来几天我都不会来公司，请几天假，就说自己不舒服，公司这几天正是缺人手的时候，我关键时刻掉链子，高层肯定觉得我不能担当大任，自然会找人代替我。"

张晓敏的一番话让王璨沉思半天，的确，人们都只是看到别人身前的荣耀，却没有看到他们身后的牺牲和压力，不过，因为害怕成功所以讨厌升职，真的正确吗？

对于王璨的疑问，我们可以给出答案，当然不正确！一个人对自己缺乏自信、害怕成功，那么，只会导致他们停滞不前，只会把自己禁锢在牢笼中。其实，很多时候，你所恐惧的成功后的事情并不一定会发生，即便发生，也远没有你想象得可怕。

现在，你不妨将你在成功后的好处和坏处都列出来，就会发现，你的担心简直是无聊至极。

身处职场，我们发现有这样两种人，一些人总是抱怨自己怀才不遇，一遇到可以表现自己的机会，就急不可耐地站出来，却给领导一个爱表现的坏印象；也有一些人，他们能力突出却害怕成功，即便机遇已经摆在面前，他们依然选择拖延和逃避，他们宁愿每天得过且过、混日子，不但迷失了个人奋斗目标，而且对公司的影响也是负面的，因为他们总是不断被周围的新人赶上甚至超越。很明显，这两种工作态度都是不对的。那么，我们该怎样做呢？

其实，无论是身处职场还是做其他事，任何时候，都不能停止进步。要知道，随着知识、技能折旧得越来越快，不断学习、不断更新知识已经成为人们保鲜的一个重要方法，是否能适应激烈的竞争环境并不断完善自己也已经成为一个职场人能否担当大任的重要考核因素。因此，我们也只有努力充实自己、敢于向成功挑战，才会真正进步。

你真的享受拖延带来的劣质快感吗

在工作中,我们常常听到一些领导鼓励下属:"有压力,才会有动力。"诚然,某些压力下,人们能挖掘自身潜力,但如果你是一名拖延者,你绝不能以此作为拖延的理由。你可能会以为,将工作拖至最后、在剩下几个小时的时间内加班能聚精会神,效率非常好,你认为这是一件非常刺激的事,但你最后完成的工作成果真的能让你感到满意吗?你也真的能在规定时间内完成吗?万一出现突发状况怎么办?

美国特拉华州大学的心理学家在研究人们拖延产生的心理原因时,提出了一个名词——寻求刺激,他们认为一些人,会享受拖延带来的劣质快感,这些人喜欢在高压下做事,每当他们肾上腺素上升的时候,他们感觉十分刺激,那事实又是如何呢?其实这些人根本不可能很好地完成任务。

其实,很多时候,人们真正享受的并不是集中精神工作的快感,而是在剩余不多时间内的焦虑感,他们并没有把自身内在的潜力逼出来,只是通常会草草结束手上的工作。

那么,我们该如何拒绝这种劣质的快感呢?其实,节省时间的最好方法就是立即处理,拒绝拖延。

第4章 拖延心理的症结:你会变成"拖拉机斯基"

马上行动

事实上,无论是谁,如果不改掉拖延的毛病,都必须要承受一定的代价。所以,为何不立即动手、踏踏实实地工作呢?相信那时你享受的才是充实的快乐。

米勒是一家外企的市场部经理,他的工作直接或间接地影响到市场部乃至全公司的业务,他总是忙得不可开交,想找点时间度假也非常困难,可是他的工作却从来没有干完过。因此他接受了一位效率专家的建议,从此,他的时间变得宽裕多了。

米勒说:"现在我不再加班工作了。我每周工作50~55个小时的日子已经一去不复返,也不用把工作带回家做了。我在较少的时间里做完了更多的工作。按保守的说法,我每天完成与过去同样的任务后还能剩余1个小时。"

对他有极大帮助的一点是"现在就办"的概念。他使用的最重要的方法是制定每天工作计划。现在他根据各种事情的重要性安排工作顺序。

他有意识地尽力克服工作上的拖拉现象。首先完成第一号事项，然后再去进行第二号事项。过去则不是这样，他那时往往将重要事项延至有空的时候去做。他没有认识到次要的事项竟占用了他的全部时间。现在我把次要事项都放在最后处理，即使这些事情完不成他也不用担忧。他感到非常满意，同时，他能够按时下班而不会心中感到不安。

人类的天性中有很多缺点，成功者之所以成功，就是因为他们多半能克服这些缺点，反之则沦为平庸者。当然，任何习惯的改变都相当困难，它意味着不适与缺陷。这些不好的天性中，就包括拖延。由于拖延而造成不良后果的事件很多，你是不是常有这样的经历：某天，你因为拖延必须加班，你认为自己的策划案充满创意，第二天，你将做好的满以为完美的工作交上去，谁知道被领导一顿痛批，于是，你只好重新来过；周一早上，你很晚才起来，于是，你急匆匆吃完早饭，拿起公文包就往公司赶，到了公司才发现，原来一份重要的文件落在了家；身为学生的你，每周末总是到晚上才开始准备周一要交的作业，结果因为时间不够只好抄袭其他人的，你的学习成绩也总是不能提高……在这些反反复复的过程中，你失去的是什么？是宝贵的时间！

我们再来做个假设，每天早上，我们早起一个小时，安排好一天的工作和生活，吃个早饭，锻炼好身体，精神抖擞地去上班，你会发现，你充满了精力，即便平时看起来难做的工作，好像也变得轻松了许多。认真工作的结果就是，你节省了时间，得到上级和同事的信任。与匆匆忙忙、一团糟的生活相比，你更倾向哪种？

拖延的毛病容易给人带来麻烦，不但影响你的学习成绩、升学考试、就业升职，还有可能给人们的生活带来不幸，浪费时间就是耗费生命，同一件事，拖延者所花费的时间远比立即行动者多得多。拖延从表面上看似乎不是什么大毛病，但若不及时纠正，直接影响到我们的一生。一位父亲告诫他的孩子说：

"无论你以后做什么样的工作，都要做到勤奋努力、全力以赴。要是你能做到这一点，你就不必担忧自己没有好前途。你看这世界上，到处都是散漫、粗心的人，做事善始善终的人是供不应求、深受欢迎的，只有认认真真做事的人才是未来竞争的成功者。"

这位父亲的话是有道理的，一个人的成功并不在于他在做什么，而在于他有没有做到最好、做到位。成功者之所以成功，就是因为他们具备一个品质，比别人起得早、睡得晚。因此，我们在学习、生活和工作中应该以更高的标准要求自己，比别人先着手，就赢得了更多的时间。

所以，任何一个企图从拖延中获得快感的人都要认清一点：做任何事都没有捷径！学习一下那些本本分分工作的人吧，不迟到、不早退、不磨洋工，上班了立即动手做事，下班了踏踏实实享受快乐，这样的态度，虽然看起来并不刺激，但却能抓住踏踏实实、稳重的幸福，长此以往，你的能力也会获得质的提升。

第5章

不找借口的心理策略：积极地甩掉拖延的尾巴

有人说，这个世界上最容易办到的事情就是找借口，这一点对于那些拖延者来说应该深有体会。无论是在工作中还是在生活中，他们总是习惯将做事拖延归咎于外在因素或者是他人，这些借口表面上看是拿来敷衍问责的人，其实是他们在敷衍自己，是自欺欺人。拖延的时间最终是他们自己的，所以最终受害的也是他们自己。为此，如果要想提高执行力，想要克服拖延症，就必须要摆脱借口这一拖延的尾巴。

借口总是拖延的挡箭牌

人生在世，每个人都必须具备责任感，这不仅是对他人负责，也是对自己负责。而借口与托词，则是责任的天敌。然而，在我们的生活中，总是在为自己的拖延行为找借口的人到处都是。这就是不负责任的表现。当他们接收到任务以后，并不是立即、主动地处理，而是不断地拖延，并为自己的拖延找借口。致使工作无绩效，业务荒废。可想而知，这样的人怎么可能有工作和事业上的突破？

习惯性拖延者总是能为自己找出各种各样的借口，我们也总是能看到很多借口的影子：

"因为我资源不足，所以我做不了。"

"我没有完成这些工作，是因为这段时间太忙。"

"我没有做好，是因为我从来没有过这方面的培训。"

"如果其他人更好地配合我的话，我想我会完成的。"

……

无所不在的借口，像空气一样弥漫在我们周围。借口变成了拖延的一面挡箭牌，事情一旦没完成，就能找出一些冠冕堂皇的借口，以换得他人的理解和原谅。

第 5 章　不找借口的心理策略：积极地甩掉拖延的尾巴

因为我资源不足，所以我做不了。

我没有完成这些工作，是因为这段时间太忙，毕竟我是人，不是机器。

我没有做好，是因为我从来没有过这方面的培训。

如果其他人更好地配合我的话，我想我会完成的。

　　找到借口的好处是能把自己的懒惰掩盖，心理上得到暂时的平衡。但长此以往，因为有各种各样的借口可找，人就会疏于努力，不再想方设法争取成功，而把大量的时间和精力放在如何寻找一个合适的借口上。

　　有命令就要去执行，这是我们每个人都应该遵循的做事准则。因为懒惰，你的那些借口能为你带来一时的安逸，些许的心灵慰藉，但是却会让你付出更昂贵的代价。

　　徐翔是某机械公司的员工，已经有五年的工作经验，五年来，他一直与单位的同事相处融洽，与领导也相安无事。可是，这天，他却失控了，居然与领导拍桌对骂。

　　其实，对这一点，同事和领导都没觉得意外，因为徐翔对待工作实在太马虎了事了，无论做什么事，都是一拖再拖，经常还会耽误其他人的工作。其实，原来的徐翔并不是这样的，他的改变是从一次意外事故后开始的。那天，徐翔上夜班，可能是因为太困了，一不小心，他从架子上摔了下来，幸亏架子不高，腿只是有点轻微的骨折，到现在，徐翔走路也看不出来异样。

然而，从那以后，领导安排徐翔什么事情，他都借口自己的腿不方便，毕竟是因为工作出的意外，领导也不好说什么。

然而，时间久了，领导也对他有意见了。一天，他还是和往常一样，比正常上班时间晚了半个小时来到单位，到了以后，他接到一个电话，主任安排他随兄弟部门的车下乡去一趟。于是，原本准备上楼的他就在单位门口等车。可是，一个多小时过去了，却没见到车的影子。于是，他就给主任打电话。谁知道，下乡的车已经早开走了。主任说："那你为什么迟到呢？"

徐翔赶紧来到主任办公室，想当面向他解释清楚。主任却说："今天，你必须得去。要不然就自己坐公共汽车去吧！"说完，又忙自己的了。徐翔的怒火"腾"地一下蹿得老高。这明摆着就是在惩罚自己，而自己错在哪儿了？"我不去。"他冷冷地说。"嘭"，主任猛地一拳捶在桌上，咬牙切齿地说："今天你去也得去，不去也得去。"徐翔气急了，也砸了一下桌子。

第 5 章 不找借口的心理策略：积极地甩掉拖延的尾巴

> **马上行动**
>
> 在做事的过程中，经常找借口的后果就是逐渐养成拖延的坏习惯，初始阶段，也许你会有点自责，但随着拖延次数的增加，你会变得盲目，甚至到最后，你也认为自己做不到的原因正是借口中所说的原因。

这一瞬间，主任吃惊地望着徐翔，这时，办公室外也已经挤满了来看热闹的人。

从那件事以后，好像主任有意冷落徐翔，他把办公室能处理的事情都交给别人做，这让徐翔寝食难安，最后，徐翔只好辞职，因为这家公司他确实待不下去了。

这则职场故事中，徐翔总是拿曾经因工受伤这一借口拖延工作，因为拖延，他也与领导产生了矛盾，最终只得辞职离开。

处在平凡岗位的人们，或许你经常感叹为什么成功的机遇总是不光顾你？为什么领导不愿意让你担当重大事件的处理工作？为什么同事们不愿意信任你？不妨从现在开始反省下，你是否有拖延、找借口的习惯？如果有，那就彻底把借口从你人生的字典中永远剔除。我们要从以下三个方面努力：

1. 要克服懒惰，选择行动

一个人之所以懒惰，并不是能力的不足和信心的缺失，而是在于平时养成了轻视工作、马虎拖延的习惯，以及对工作敷衍塞责的态度。要想克服懒惰，必须要改变态度，以诚实的态度，负责、敬业的精神，积极、扎实地努力，才能做好工作。

2. 要端正态度，直面责任

"积极高昂的态度能使你集中精力完成自己想要的东西。"在工作中，应始终保持平常心态，在任何时候，工作和责任始终捆绑在一起，工作越重要，责任越大，没有工作也就无所谓责任，要敢于负责。

3. 要没有借口，立即行动

工作的最终目的就是把工作做好，实现最大的效益，任何的借口和拖延都将成为工作的敌人。工作的选择、工作的态度，工作的热情都建立在立即工作和立即行动上，只有行动才会让这一切变成现实。

所有的拖延借口都是会被识破的口是心非

对于那些拖延者来说，也许他们最喜欢做的事，就是对监督自己的人"解释"自己为什么没有完成任务，这些借口名目繁多，比如，假期结束前，你需要交一篇论文，但整个假期，你一想要写论文就心烦，于是，你不断地拖延，等了好多个"明天"，但直到最后，你也没写出来。于是，交论文的时候，你只能对你的指导老师说这样的话——"我本来写好了的，但是被狗狗撕坏了。""我用笔记本写的，但是却忘记保存了，最后因为停电丢失了。"看，我们给他人的解释与自己内心的想法很明显是不同的。

可见，拖延很容易让人陷入口是心非的陷阱中，当然，别人也会看出我们的借口。所以，很多时候，借口只是在自欺欺人而已。之所以这样说，是因为：

1. 你因拖延而产生的后果并不会因为借口而发生改变

在做某件事的过程中，经常会出现一些"状况"，在拖延者看来，这些障碍就是阻止他们完成任务的借口，他们最终拖延了任务的提交时间，但却不反省，也不认为是自己的责任，反而义正词严地认为如果没有这些障碍，自己可以做得很好。

然而，这些借口真的能为你免除责任吗？那些从来都准时上下班、顺利完成任务的人难道就没有遇到过障碍吗？在他们做得不够好的时候，只会寻找自身的原因，而不是找借口。

然而，心理学家经过分析发现一个惊人的事实，很多人并不认为自身是拖延和失败的根源，反而认为是失败导致了自身问题的存在。

比如，"如果我不是这么害羞，我相信会有人喜欢我的，交朋友对于我来说实在是一件困难的事情。"再比如，"不是我的错，我没有做成这件事，是因为其他事妨碍了我。"很明显，这些借口都是人们对自己的束缚，更是他们强加到自己身上的。

2. 拖延只会导致失败

任何一个踏实工作的人从不会给自己找借口推延，因为他们知道上司要的是结果，而不是你再三解释的原因。因为无论在什么情况下，拖延只会导致失败。

在商场上，买卖双方谈判一宗上千万元的大生意。这时候你能拖延吗？时间就是金钱啊！你的一点点拖延都会让对方产生不信任感，犹豫之中，你赚钱的机会就在不经意间溜走了。

在考场上，面对题目繁杂的试卷，你能够拖延吗？时间就是分数啊！慌忙之中，你乱了阵脚，不能发挥自己的正常水平。于是乎，本应是状元的你落榜了。

在职场上，面对一项项富有挑战的工作，你能够拖延吗？时间就是机遇啊！你的一点点拖延可能会耽误整个公司的流程，丧失最佳竞争时机，同时你也失去了成功的机会。

> **马上行动**
>
> 无数事实证明，如果你想成功或成为你理想中的人，最好的办法就是绝不拖延，立即行动！

可见，拖延的坏毛病是绝对要不得的！但生活中，每天还是有那么多人在浪费着自己的生命。光"说"不"练"肯定不行，这就要求我们平时就要养成立即行动的习惯，一旦发生了紧急事件，或者当机会来临时，能作出强有力的反应。同时，我们做事情一定要设定完成期限，并告诫自己是无法变更的，这样，你就没有再拖延的借口。

生活中，拖延会像癌细胞一样逐步扩散，直至吞噬你的整个生命。你每次拖延所产生的负面能量会一点一滴地积累起来，最后，它会以水滴石穿般的威力严重影响你的自信、自尊、自爱，最终使你彻底崩溃。

当然，这一危险意识是需要自己去感悟的。方法只是一种帮助你消除拖延的辅助手段，最主要的还是取决于你的思想和态度。只要你端正态度，让绝不拖延深入内心，即便没有任何方法，也能消除拖延。所以，选择权掌握在你手中！

负责的人，不需要借口

无论是工作还是生活，我们都强调责任感。什么是责任？一个企业管理者说："如果你能真正地钉好一枚纽扣，这应该比你缝制出一件粗制的衣服更有价值。"这就是工作中的责任，无论自己的工作是什么，重要的是你是否做好了你的工作。要知道，任何一位领导，都希望自己的下属能尽力做好自己的工作。而做好自己工作的第一步，就是立即执行。所以，领导者始终相信，只有那些绝不拖延的人才能勇于承担责任，才有可能被赋予更多的使命，才有资格获得更大的荣誉。我们先来看下面一个职场故事：

文秘专业的菲菲毕业后就在一家小型公司担任经理秘书。身为秘书，本身应该工作清闲，但菲菲却不是，因为这家公司小，所以很多杂事都被菲菲一手包办了。菲菲没有抱怨，反而努力地工作着，因为她一直感谢这家公司给予的机会，让自己逐渐地成长起来。

这天，菲菲在办公室整理这个月财务部送上来的报表，第二天经理开会时需要这份文件。这时，经理气急败坏地走了进来，冲着菲菲嚷嚷道："陶菲菲，你给我进来。"办公室的其他同事，听到经理生这么大的气，都觉得菲菲这次肯定要挨批评了，都为她捏了一把汗。

半个小时过去了,菲菲出来了,经理也走了出来,菲菲还是和进办公室时候一样淡定,而经理脸上,则明显挂满了笑容,并对菲菲说:"陶菲菲,好好干,我看好你!"

同事们很诧异,问菲菲怎么回事。

菲菲说:"今天,经理在拿着我整理的报表去总公司开会的时候,被董事长批评了,因为表格上的一个小数点问题,董事长说他粗心大意。经理自然回来就不高兴了,这报表虽然是我整理的,但这也是从财务部门拿过来的,我只是负责整理,并且,最重要的是,经理自己应该亲自看一遍,对于这个问题,经理责备我把报表上交得太晚了,所以导致了他没来得及看。经理进门看到我,自然气不打一处来,我也不笨,总不能和他据理力争吧,我就主动承认是因为自己拖延导致出现这么大的问题,并对经理感激了一番,说他批评得对,以后一定及时工作、不拖拉。并且会认真工作,对于报表一定多检查,即使是财务部门送过来的,也要仔细再看几遍,这样一说,经理气消了,也明白责任不在于我。后来,经理又和我聊了会儿,我告诉经理,希望他以后能多多指教,帮助我更好地在工作中锻炼自己,说着说着,经理就高兴起来了……"

从这个案例中,我们发现,面对气急败坏的领导对自己的批评,虽然责任并不在于自己,但菲菲还是主动承认了自己的失职,虚心地接受了领导的批评,并对领导感激了一番,消除了领导的怒火。可以说,菲菲是一名负责任的员工,这样的员工即便没有按时完成工作任务,也不会找借口推脱。当然,通常来说，负责的人是不会拖延工作的，就案例中的情况来看，问题产生的原因也并非在于菲菲一人，相反，推脱责任的是她的领导，他把报表中的数据问题归结为菲菲上交报表时间太晚，其实只是借口而已。

可见，工作中，要做到负责任，有两点要求，一是及时着手工作，绝不拖延；二是一旦没有完成工作，就主动承担责任，并找到挽救的方法。这里，与其给自己找理由推脱，还不如大方地承认。领导者会因为你能勇于承担责任而不责难你；相反，推诿责任、搪塞敷衍、找借口为自己开脱，不但不会得到别人理解，反而会"雪上加霜"，让别人觉得你不但缺乏责任感，而且还不愿意承担责任。

所以，我们需要做到以下三点。

1. 马上去做

对于领导交代的任务，你需要马上去做。每个上司都希望自己的员工有强有力的执行力，如果你在接到任务时左右迟疑、战战兢兢，那么，上司可能会非常生气，对你也很失望。

2. 没有完成任务绝不找借口

工作中，一些人在没有完成任务后，不去寻找解决问题的方法，而是寻找各种为自己推脱的借口。

"如果不是经理没布置清楚，我一定会干得很出色的。"

"如果不是天气恶劣，我一定会准时到的。"

"如果不是别人给我设置某种障碍，我一定会顺利完成的。"

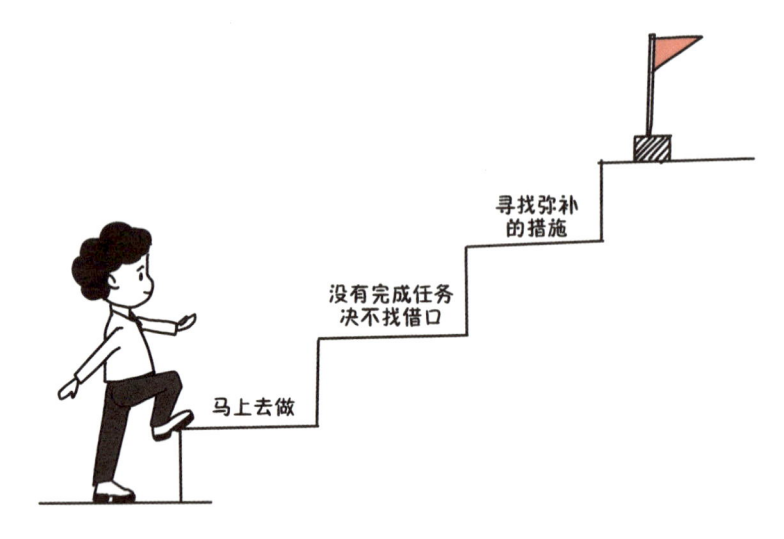

"如果不是客户太挑剔，我一定不会发火的。"

世界上没有那么多的"如果"，无论是懊悔也好，还是逃避责任也罢，这不能解决任何问题。任何一个领导也不希望听到这些借口，没有完成任务的原因无论是主观的还是客观的，只能说明你工作没做到位，责任就在于你，这是不可推脱的。

3. 寻找弥补的措施

其实，与其绞尽脑汁寻找那些为自己开脱的借口，倒不如想想怎么能把出现的损失降到最低点。我们应该尽量制作一份新的弥补方案，并完善好细节，因为大多数情况下，问题都出在细节上。

所以，作为员工，不要总抱怨领导没有给你机会，有空的时候不妨仔细想一想，当你的领导交给你某项任务，你是否漂亮地完成并且没有那么多的借口呢？你是否平时就给老板留下了一个能够承担责任的印象呢？如果没有，你就别抱怨机会不来敲你的门。

第6章

战胜抱怨的心理策略：做个不拖拉不抱怨的人

请停止抱怨！

在我们的生活和工作中，总有些人对自己的现状不满意，于是，便有了抱怨声。事实上，一个懂得感恩的人从不抱怨，一个珍惜时间的人从不抱怨，一个做事高效的人更没有时间抱怨。因此，少一些抱怨，多一些感恩吧！不要认为自己很辛苦，不要认为你的工作比别人多，正是因为你付出得多，也才有证明自己能力的机会，才会遇到比别人更多的成功机遇！

习惯性抱怨导致拖延心理的产生

生活中，我们常常听到身边的人抱怨道："哎！工作太累，天天都有做不完的活，连喘口气的机会都没有！""看看我们公司的那伙人，那素质简直没法说！""我们家那位一天只知道挣钱，连结婚纪念日都忘记了。""我怎么就生了这么笨的一个儿子，学习上好像从来不用脑子。"……抱怨就像瘟疫一样在我们周围蔓延，越演越烈。在他们看来，似乎从没有遇到顺心的事，因为抱怨，他们不仅把自己搞得很烦躁，还无形中耽误了手头的事。

其实无论是工作还是做其他事，一旦抱怨产生，就有对抗心理，进而产生拖延心理，而拖延也会加重事情的难度，便再度让你陷入糟糕的情绪中，于是，习惯性拖延症就逐渐形成了。我们发现，无论是正在学习的学生，还是在做事的员工，只要一开始抱怨，他们的效率就会缓慢很多。

而实际上，抱怨对于事情的解决毫无益处，它只会让我们在忙碌中兜圈子，相反，如果我们能心平气和地正视问题，厘清自己的思绪，那么，找到解决问题方法的概率便会大大提高。

小李高考落榜后，就在一家汽车修理厂工作，从他开始工

第 6 章 战胜抱怨的心理策略：做个不拖拉不抱怨的人

作的第一天，就对自己的工作充满了不满，他开始抱怨："修理这活太脏了，瞧瞧我身上弄的！""真累呀，我简直讨厌死这份工作了！""要不是考试中出了点失误，我现在都是名牌大学的学生了。做修理这活太丢人了！"

每天，小李都在煎熬和痛苦中过日子，但他又害怕失去手上这份工作，于是，只要师父不在，他就耍滑偷懒，应付了事。

几年过去了，与小李一同进厂的三个工友，各自凭着自己的手艺，或另谋高就，或被公司送进大学进修，独有小李，仍旧在抱怨声中，做他所蔑视的修理工。

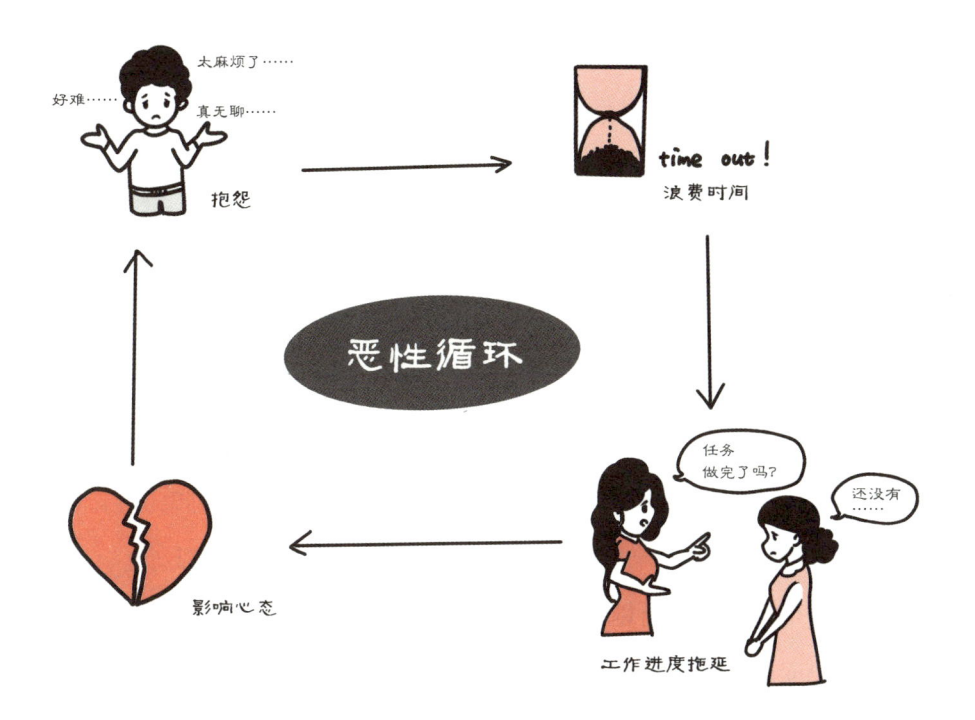

可见，无论我们做什么事，要想取得成绩，就必须要拿出全部的热情，如果你也像小李那样鄙视、厌恶自己的工作，对它投注"冷淡"的目光，那么，即使你正从事最不平凡的工作，你也不会有所成就。

为什么抱怨的人会说生活这么累，因为他只看到了自己的付出，而没有看到自己的所得；而不抱怨的人即使真的很累，也不会埋怨生活，因为他知道，失与得总是同在的，一想到自己所得，他就会感到高兴。

的确，抱怨只会让我们浪费大把的时间，因为它会破坏我们原本积极的潜意识。你可能有过这样的体会，只要我们的头脑中有一丝抱怨的意识，那么，我们手中的工作就会不由自主地慢下来，然后为自己鸣不平、讨公道，甚至是抱怨老天不公，在这种坏心情的影响下，不仅我们的工作和生活都受到了影响，我们的心态也会改变，而真正的智者，总是能淡定、冷静地看待世界，审视自己，最终成就自己。

其实，没有一种生活是完美的，也没有一种真正让人满意的生活，如果我们能做到不抱怨，而是以一种积极的心态去努力进取，能做到珍惜时间的话，那么，收获的将会更多，而如果我们一旦养成抱怨的习惯，那就像搬起石头砸自己的脚，与人无益，于己不利，于事无补，生活就成了牢笼一般，处处不顺，时时不满。所以，每个人都应该认识到：自由的生活，本身就是最大的幸福，哪有那么多抱怨呢？

第6章 战胜抱怨的心理策略：做个不拖拉不抱怨的人

马上行动

无论你的情况如何，都不要抱怨，生活是你的朋友，不是你的敌人。生活中总是有些不尽如人意，就算生活给你的是垃圾，你同样能把垃圾踩在脚底下，登上世界巅峰。

所以，一旦我们产生习惯性抱怨，那么，拖延心理随即产生。戒除抱怨、才能改正拖延的习惯，提高做事效率。其实，社会中，每个人都应该各司其职，无论是学习、工作还是做其他事，这都是实现人生价值的方式，也是我们幸福的源泉，既然如此，那还有什么可抱怨的呢？

从不浪费时间的人，没有工夫抱怨时间不够

"从不浪费时间的人，没有工夫抱怨时间不够。"这句话的提出者是杰弗逊，它指出了时间对于我们的重要性。因为时间是生命的构成部分，任何一个人都没有太多的时间去挥霍。

的确，"效率就是金钱"，绝对不是一句空话。可以说，追求成功，必须追求效率。同样，要想成功，就必须惜时。实际上，任何人，只要能充分利用好时间，那么，必当会成才。有些人只是利用好了几年，有些人只重视年轻时代，而成功者会尽量利用好每一天，甚至利用好每一分钟乃至每一秒钟。他们很少有浪费时间的行为，成功实质上就是时间利用上的成功。

然而，一旦我们开始抱怨，我们就会无意识地放慢手头的工作，也就是说，如果我们想高效地做事，想要解决问题，就要停止抱怨，用实力证明自己，用理智解决问题。要永远记住一点，我们的最终目标是解决问题，而不是发泄情绪。

其实，任何社会，都是强者更强，弱者更弱，弱肉强食。弱者很多时候不是去把自己磨炼成强者，而是不断地抱怨不公平。他们从来弄不清楚，这个世界上其实没有绝对的公平。只有有能力的人才能在社会中处于竞争的优势。

因此，既然我们没有办法选择社会环境，为什么我们不选择自己呢？与其去抱怨，不如努力提高自己，为自己在未来的竞争中处于优势而提前练好功力，这才是正道。功力都不想练，却想能够成为赢家，天下有这么好的美事吗？

大发明家爱迪生并不是一个学历很高的人，事实上，他只上过三个月的小学。他后来的成就，第一归功于母亲的教导，第二就是因为他珍惜时间。

爱迪生在研究期间，经常对自己的助手说："最大的浪费莫过于浪费时间了。"因此，他常常告诫自己："人生太短暂了，要多想办法，用极少的时间办更多的事情。"

一天，爱迪生在工作时，交给助手一个任务——测量一下灯泡的容量，交代完事情以后，他又埋头工作了。

过了会儿，他问助手，你测出来的结果是多少，没想到，助手还在慌忙地测量灯泡的各个数值——周长、斜度等。

看到这里，爱迪生着急地说："时间，时间，怎么费那么多的时间呢？"于是，他走过去，接过灯泡，向里面注满了水，后交给助手，说："里面的水倒在量杯里，马上告诉我它的容量。"助手立刻读出了数字。

爱迪生说："这是最简单的策略方法了，既准确又节约时间，你怎么想不到呢？还去算，那岂不是白白地浪费时间吗？"助手的脸红了。

爱迪生喃喃地说："人生太短暂了，要节省时间，多做事情啊！"

历数古今中外一切有大建树者，无一不惜时如金。古书《淮南子》有云："圣人不贵尺之璧，而重寸之阴。"他们从不抱怨，更不拖延。因为他们深知，抱怨只会让自己分散注意力，只会让自己的情绪更糟糕，只会更浪费时间，既然抱怨无益于解决问题，还不如抓紧时间、赶紧解决手头上的事。

可能现在的你每天为生活奔波，生活、工作压得你喘不过气来，你开始抱怨生活、抱怨上司。但其实，有压力，才有动力，压力带给我们的不仅仅是痛苦和沉重，还能激发我们的潜能和内在激情。

第 6 章 战胜抱怨的心理策略：做个不拖拉不抱怨的人

马上行动

有句话讲得好，如果想抱怨，生活中一切都会成为抱怨的对象；如果不抱怨，生活中的一切都不会让人抱怨。总是以抱怨的心态工作，做起事来难免拖拖拉拉、草率敷衍，更别说展现出富有激情的、创造性的工作表现了。

如果说，人一生的发展是不易反应的药物，那么压力就是一剂高效的催化剂。它不是鼓励你成功，而是逼迫你成功，让你没有选择不成功的余地。它带给人的，不仅仅是痛苦，更多的则是一种对生命潜能的激发，从而催人奋进，最终创造出生命的奇迹。

调整心情，做个不拖拉不抱怨的人

生活和工作中，也许一些人已认识到拖延的负面效应，也想要做个雷厉风行、执行力强的人，但他们会说，生活太艰辛了、工作压力太大了，看着没有希望的人生，最终还是选择了拖拖拉拉、得过且过。

的确，我们的生活中充满了各种各样的苦恼。家人身体不健康、工作不顺利、失恋、失业、求职碰壁等，所有这些烦心事都让人头疼无比。遇到这些事情的人，自然会抱怨自己比别人运气坏，比别人生活得糟糕。但用抱怨就能解决问题吗？很显然，答案是否定的。

身处烦心事之中，人的情绪容易激动。抱怨总是难免的，抱怨两句其实也没有什么大不了的。可以把抱怨看成是一种情绪的宣泄。但这种宣泄是需要度的，就像鲁迅先生笔下的祥林嫂，无论走到哪里，都把自己的伤口展示给别人看。人们本来是同情她的，后来都变成了厌烦。抱怨也是一样。一个人遇到了一些事情，总是不断地和身边的人抱怨。开始别人可能还会安慰你几句，但如果你只是不断地抱怨，却不想办法去解决麻烦，别人一样会远离你。

第 6 章 战胜抱怨的心理策略：做个不拖拉不抱怨的人

> **马上行动**
>
> 古希腊先哲埃比提德曾经说过："骚扰我们的，是我们对事物的意识，而不是事物本身。"这句话就是要告诉人们，抱怨不能帮助你解决任何问题，还会为你带来很多莫名的苦恼。

有人说，抱怨就是一种恶性循环。抱怨让人看不到希望，看不到幸福，看不到关爱。抱怨的人不仅会抱怨自己的遭遇，还会抱怨自己身边的人。长此以往，我们就容易变成一个爱抱怨、爱拖拉的人。

诚然，当下的你每天都会遇到一些让你烦心的事：这个月业绩不好被老板责怪，某次行业比赛中因为你的疏忽而影响整个团队的成绩，对此，你肯定很懊恼，但懊恼又有何用？

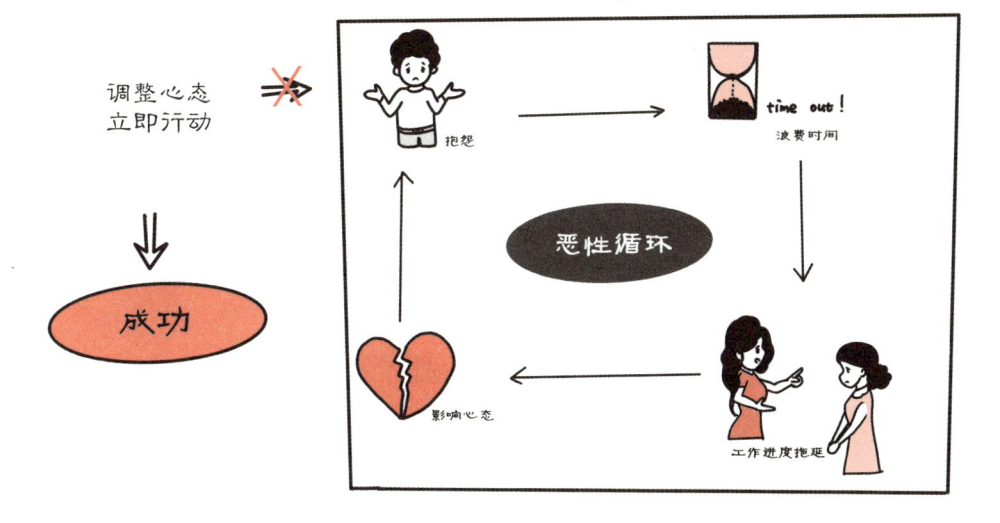

不停地抱怨，不断地自责，只会将自己的心境弄得越来越糟、工作效率也会越来越低下，为何不从另外一个角度来思虑整件事呢？

比如，早上起床晚了，抱怨的人会想："家里人为什么不叫我一声？真是不负责任！"不抱怨的人会想："也许他们是想让我多睡一会儿。"

出门走路，与别人撞了一下，抱怨的人会想："挺大个活人都看不见，长眼睛干什么的？"而不抱怨的人会想："他肯定有什么急事儿，没看见，也怪我没注意。"

到了公司，同事对面走过来却对你视若无睹，抱怨的人会想："他对我有意见？牛什么？我还懒得理他呢。"不抱怨的人可能想都不想，顶多会想："他准是想着心事，没留神。"

你辛辛苦苦做完一件工作，满以为会得到上司的夸赞，但谁知道上司不哼不哈，连个高兴的脸色都不给，抱怨的人会想："遇上这样的上司，活该我倒霉，一辈子都没有出头之日了。"不抱怨的人会想："这本就是我分内的事。"

下班了，原本打算早点回家的你，却被临时通知要开会，抱怨的人会想："下班都不让人回家，这是什么破公司？"不抱怨的人会想："也许真有什么重要的事情。"

好不容易回到家，爱人还没回来做饭，抱怨的人会想："一天忙得臭死，却连顿现成饭都吃不上！"不抱怨的人会想："今天有个一显身手的机会了，我要给家人一个惊喜。"

总之，如果你想成为充满正能量的人，想要做一个行动能力强的人，你就要学会看到生活中美好的一面，抱着知足的心，那么，你工作生活起来也会开心、满足、有滋有味。

与其抱怨环境，不如用行动来改变自己

我们都知道，在现实的生活中，抱怨是人们宣泄不良情绪的一种方式，抱怨可以让心中的不满稍微减轻一些。但很多人似乎理解错了抱怨的含义，它绝非人生主要的生存状态。更多的时候，我们在抱怨不满时，应该做适当的反省。为什么自己会有这样那样的不满？是不是因为自己做得不够好？这样抱怨也可以作为一个加速器，加速自己的成功。只要你能够通过抱怨看到自己的缺点，你就会进步。

事实上，聪明人懂得通过抱怨来反省自己，接纳生活。抱怨自己的人，会看到自己的缺点，然后努力改正；抱怨别人的人，可以将抱怨转化成请求；抱怨运气的人，不如继续向前，化抱怨为动力，幸运之神迟早会被你的努力打动。抱怨是为了生活得更美好，为了督促自己更快地达到目标。抱怨其实就是为了不抱怨，只有不抱怨，淡然地接受一切，你才能收获幸福。

比如，在现代企业里，总是有一些人对待工作抱有消极倦怠的态度，对待工作内容总是能拖就拖，问他为何不积极工作，他会反驳："底层员工，就这么点薪水，没热情努力工作。"既然如此，为何不努力工作、成为你羡慕的高层管理者？

第6章　战胜抱怨的心理策略：做个不拖拉不抱怨的人

马上行动　执着于过去，是很难洒脱地走向美好明天的。一个人，只有学会放下对环境的坏情绪，适应环境，才能有意识地改变自己，最终改变命运。

再比如，一些人抱怨自己经济能力差所以没有去找女朋友，那么为何不努力改善经济状况？其实，归根结底我们还是要记住一句话：你改变不了环境，但你可以改变自己；你改变不了事实，但你可以改变态度。

一个女儿向做厨师的父亲抱怨她的生活，抱怨事事都那么艰难。她的父亲把她带进厨房。他先烧开三锅的水，然后往一只锅里放些胡萝卜，第二只锅里放一只鸡蛋，最后一只锅里放入碾成粉末状的咖啡豆。他将它们浸入开水中煮，一句话也没有说。大约20分钟后，他把火闭了，把胡萝卜捞出来放入一个碗内，把鸡蛋捞出来放入另一个碗内，然后又把咖啡舀到一个杯子里。做完这些后，他才转过身问女儿，"孩子，你看见什么了？"

"胡萝卜、鸡蛋、咖啡。"女儿回答。父亲让她靠近些并让她用手摸摸胡萝卜。她摸了摸，注意到它们变软了。父亲又让女儿拿一只鸡蛋并打破它。将壳剥掉后，她看到了是只煮熟的鸡蛋。最后，他让她喝了咖啡。品尝到香浓的咖啡，女儿笑了。她怯生问道："父亲，这意味着什么？"

119

父亲解释说，这三样东西面临同样的逆境——煮沸的开水，但其反应各不相同。胡萝卜入锅之前是强壮的，结实的，毫不示弱；但进入开水之后，它变软了、变弱了。鸡蛋原来是易碎的，它薄薄的外壳保护着呈液体的内脏。但是经开水一煮，它的内脏变硬了。而粉状咖啡豆则很独特，进入沸水之后，它们倒改变了水。"哪个是你呢？"父亲问女儿，"当逆境找上门来时，你该如何反应？你是胡萝卜，是鸡蛋，还是咖啡豆？"

在逆境中，你属于哪一种呢？

其实生活中的我们不也应该像故事中的鸡蛋一样吗？当我们身处困境中时，最应该做的就是改变自己适应它，并让自己逐渐强大起来。

总之，任何不满意现在的状态的人都必须要懂得：多改变自己，少埋怨环境。正如一句名言所说的"如果你认为你处在恶劣的环境中，那么请好好地修炼，练好内功，等待爆发的日子。"

第7章

消除惰性的心理策略：惰性往往在拖延中滋生

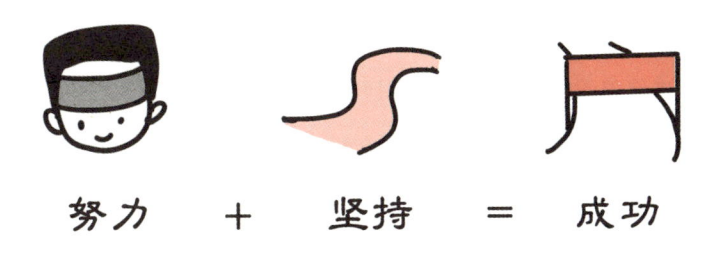

努力 ＋ 坚持 ＝ 成功

我们都已经认识到，在工作中，做事拖拉是一种不负责任的行为，但却很少有人意识到或承认，正是因为拖延而导致了人们在工作中产生了惰性。一些人总是在拖延时间，然而，这只是一种自欺欺人的表现，我们的本职工作，始终要由我们自身去完成。实际上，任何一个人，只要能克服惰性，他的人生已经成功一半了。虽然惰性是人的天性，但我们要消除惰性，有时只需要一个念头即可，一旦赶走懒惰，便能主宰自己的人生，提高自己的人生质量。

懒惰只会耗空我们的时间和生命

古人云:"业精于勤,荒于嬉;行成于思,毁于惰。"这句话告诉我们:学业由于勤奋而精通,但它却荒废在嬉笑声中,事情由于反复思考而成功,但他却毁灭于随随便便。任何人,即使是天才,如果不克服懒惰、做事拖延,最终也会变成一个懒汉。

当今社会,我们已经认识到时间的重要性,人的一生,短短几十载,生命是有限的。如果我们浪费时间,工作和生活中总是拖拖拉拉,那么,最终只能白白浪费生命,而假如我们能充分利用自己的时间和精力,勤奋做事,那么,我们绝对可以做出更有价值的事情来。

懒惰总是和拖延狼狈为奸。有人甚至给那些懒惰的人下定义为:把不愉快或成为负担的事情抛掷脑后,或推迟做。

生活中的你如果是一个懒惰的人,那你大部分时候都在浪费时间,无所事事。即便是做一件事情,也是担心这个担心那个,或者找借口推迟行动,结果往往错失了机会和灵感,到最后,你只能去羡慕那些因为勤奋而获得财富者。

莫泊桑是19世纪法国著名作家。他从小酷爱写作,孜孜不倦地写下了许多作品,但这些作品都普普通通,没有什么特色。

第7章 消除惰性的心理策略：惰性往往在拖延中滋生

> **马上行动**
> 拖沓、懒散的生活和工作态度，对许多人来说已经是一种常态，要想有所成就，我们就应该忍耐惰性，努力让自己变得勤勉起来。

莫泊桑焦急万分，于是，他去拜法国文学大师福楼拜为师。

一天，莫泊桑带着自己写的文章，去请福楼拜指导。他坦白地说："老师，我已经读了很多书，为什么写出来的文章总感到不生动呢？"

"这个问题很简单，是你的功夫还不到家。"福楼拜直截了当地说。

"那——怎样才能使功夫到家呢？"莫泊桑急切地问。

"这就要肯吃苦，勤练习。你家门前不是天天都有马车经过吗？你就站在门口，把每天看到的情况，都详详细细地记录下来，而且要长期记下去。"

第二天，莫泊桑真的站在家门口，看了一天大街上来来往往的马车，可是一无所获。接着，他又连续看了两天，还是没有发现什么。万般无奈，莫泊桑只得再次来到老师家。他一进门就说："我按照您的教导，看了几天马车，没看出什么特殊的东西，那么单调，没有什么好写的。"

"不，不，不！怎么能说没什么东西好写哟？那富丽堂皇的马，跟装饰简陋的马车是一样的走法吗？烈日炎炎下的马车是怎样走的？狂风暴雨中的马车是怎样走的？马车上坡时，马怎样用力？车下坡时，赶车人怎样吆喝？他的表情是什么样的？这些你都能写得清楚吗？"福楼拜滔滔不绝地说着，一个接一个的问题，都在莫泊桑的脑海中打下了深深的烙印。

从此，莫泊桑天天在大门口，全神贯注地观察过往的马车，从中获得了丰富的材料，写了一些作品。于是，他再一次去请福楼拜指导。

福楼拜认真地看了几篇，脸上露出了微笑，说："这些作品，表明你有了进步。但青年人贵在坚持，才气就是坚持写作的结果。"福楼拜继续说，"写东西，光仔细观察还不够，还要能发现别人没有发现和没有写过的特点。如你要描写一堆篝火或一株绿树，就要努力去发现它们和其他的篝火、树木不同的地方。"莫泊桑专心地听着，老师的话给了他很大的启发。福楼拜喝了一口咖啡，又接着说："你发现了这些特点，就要善于把它们写下来。今后，当你走进一个工厂的时候，就描写这个厂的守门人，用画家的那种手法把守门人的身材、姿态、面貌、衣着及全部精神、本质都表现出来，让我看了以后，不至于把他同农民、马车夫或其他任何守门人混同起来。"

莫泊桑把老师的话牢牢记在心头，更加勤奋努力。他仔细观察，用心揣摩，积累了许多素材，终于写出了不少有影响的世界名著。

从莫泊桑拜师这个故事中，年轻人应当有所领悟，功到自然成，成功之前难免有失败，难免有很多不足，但是只要能克服困难，坚持不懈地努力，那么，成功就在眼前。

懒惰体现在两个方面，懒惰的思维和懒惰的行为，可以说，懒惰不仅是一个人成功的大敌，而且，它还是我们不良情绪的源头。在充满困难与挫折的人生道路上，懒惰的人过着极为单调的生活，只习惯于等、靠、要，从来不想发现、拼搏、创造，最终，他们不仅错过了多姿多彩的生活，而且将一事无成。

总之，一个人成就的大小取决于他做事情的习惯，忍耐惰性是做事情的一个重要技巧。我们要想完成既定目标，取得成功，就应该培养勤勉的习惯。一旦养成了这个习惯，"完成目标，马上行动"就会成为一件自然而然的事情。

抵制负面情绪侵蚀工作热情

现实生活中，相信大部分人在刚踏入职场时都怀揣梦想，希望可以大展拳脚，但现实的状况可能是，面对每天都必须做的重复的工作，他们已经失去热情，甚至开始抱怨，工作拖拉，但却拒绝作出改变。如果你问他们，为什么不干脆辞职，或者要求调任，或者做点什么来改变这种局面，他们总是有各种各样的借口：我要还贷款；我的家人不允许我这么做；我对这份工作已经习惯了；也许没有更好的地方了；我的工资很高，我舍不得放弃这份高薪工作；我没有其他方面的技能；我只会做这个等等。而这些，都是对工作不热爱的表现，以这样的状态，你会发现，工作是枯燥的，工作效率也是低下的。事实上，无论你从事哪行，热情都是你成功的动力。蒂夫·鲍尔默说："我想让所有的人和我一起分享我对我们的产品与服务的激情，我想让所有的员工分享我对微软的激情。"卡耐基说："除非喜欢自己所做的工作，否则永远无法成功。"

成功始于源源不断的工作热忱，你只有热爱你的工作，才会珍惜时间，把握每一个机会，调动所有的力量去争取出类拔萃的成绩。可见，对于工作，"热爱"才是最大的动机，只要热爱，就会产生意愿、努力、成功。

因此，身处职场，如果你发现你的工作热情已经在退却，那么，请开始热爱你的工作吧，你会自然而然地产生积极性、作出努力，并能在最短时间内进步。在别人看来是千辛万苦，而本人却当作乐趣。

在我们梦寐以求的微软公司，曾有一个临时清洁女工升职成正式职工的故事。

她是办公楼里临时雇用的清洁女工，在整个办公大楼里，有好几百名雇员，但她的工资最低、学历最低甚至几乎没有什么学历、工作量最大，而她却是最快乐的人！

每一天，她来得最早，然后面带微笑，开始工作，对任何人的要求，哪怕不是自己工作范围之内的，也都愉快并努力地跑去帮忙。周围的同事都被她感染了，有很多人成了她的好朋友，甚至包括那些被大家公认为冷漠的人，没有人在意她的工作性质和地位。她的热情就像一团火焰，慢慢地整个办公楼都在她的影响下快乐起来。

盖茨很惊异，就忍不住问她："能否告诉我，是什么让您如此开心地面对每一天呢？""因为我热爱这份工作！"女清洁工自豪地说，"我没有什么知识，我很感激企业能给我这份工作，让我有不菲的收入，足够支持我的女儿读完大学。而我对这美好现实唯一可以回报的，就是尽一切可能把工作做好，一想到这些，我就非常开心。"

盖茨被女清洁工那种热爱工作的态度深深地打动了："那么，您有没有兴趣成为我们当中正式的一员呢？我想你是微软最需要的。""当然，那可是我最大的梦想啊！"女清洁工睁大眼睛说道。

此后，她开始用工作的闲暇时间学习计算机知识，而企业里的每个人都乐意帮助她，几个月以后，她真的成了微软的一名正式雇员。

生活中的你，也应该和这位女工一样热爱工作，把工作当成一门学问去研究，当成事业奋斗的理想目标，并努力向上攀登。每一份平凡的工作都是你获取新知识、新经验的来源。

可能你会说，你是在为别人打工，再怎么热爱也不会成功，实际上，每个成功者都经历过打工的过程，但对工作的不同态度造就了不同的结果。如果你能抱着以学习经验的态度对待现在的工作，那么，工作所能带给你的，要远比工资带给你的多得多。因为每一项工作中都包含着许多个人成长的机会。而那些因为薪水低而对工作敷衍塞责、当一天和尚撞一天钟的人，固然对公司、老板是一种损害，但长此以往，无异于在降低自己的价值，使自己的生命枯萎，将自己的希望断送，使自己维持在一种低档次的生活水平上，过着一种庸庸碌碌、牢骚不断的生活，并因此而埋没了自己的才能，湮没了生命应该有的那种创造力。

第 7 章 消除惰性的心理策略：惰性往往在拖延中滋生

马上行动 每个公司都需要这样热爱自己工作的人。如果你为自己还是平凡岗位的一员而抱怨的话，请调整自己对工作的态度，如果你从现在开始热爱你的工作，不论多平凡的岗位，你都会有不俗的成绩。

所以，对一个想要成就一番事业的人来说，老板支付给你的只是薪水，但你一定要在工作中，赋予它更多的价值，你要在工作中支付给自己更多的东西。

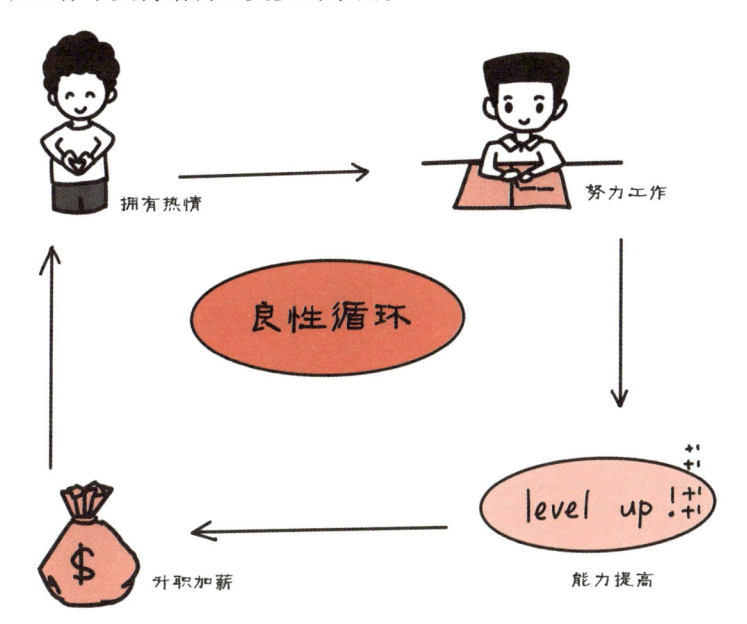

拥有热情 → 努力工作

良性循环

升职加薪 ← 能力提高 (level up!)

如果你投入百分之百的热情、努力工作，那么，你就会发现，你的工作能力逐步提高了，你会为此兴奋不已，同时，你努力工作也会得到更多的物质回报——你的薪水在不知不觉间得到了提升。因为你的努力，老板都看在了眼里，你的努力也为公司带来了更好的业绩，老板就会因为你的工作态度和工作成绩而奖励你。

因此，热爱你的工作吧！一个人所从事的工作，是他获得幸福的源泉，也是他的理想所在，更是他对待人生态度的体现。工作将填满你的大部分人生，唯一能获得真正满足的方法就是——做你相信是伟大的工作，而伟大的工作就是你所热爱的事业。我们可以从工作中释放自己的热情、能量、智慧，并获取一份快乐，一份成功！

第7章 消除惰性的心理策略：惰性往往在拖延中滋生

职场机遇钟情于勤奋不拖延的人

我们都知道，世界上没有一件有价值的东西可以不通过辛勤劳动而获得，不吝惜自己汗水的人，也必将会有丰厚的收获。一个成功者的成功之处就在于他总是比别人多付出一些，比别人多向前迈进一步。

身处职场的你，可能现在薪水不薄、工作稳定，但如果你希望在职场取得一定的成就，就不能就此停滞不前，激烈的竞争要求你不断进步，而求知与不满足是进步的第一必需品。要知道，任何时候，职场也总是垂青那些勤奋不拖延的人。

一位自考毕业的男孩去应聘一家外贸公司经理秘书。但是公司却给他安排了一个行政部文员的职位。男孩想了一下，觉得只要自己耐心做好文员的工作，一样很好。于是，他就答应了。男孩的工作是负责接待客人和复印、打印等琐事。同事们总是把一些需要复印和打印的文件一股脑儿堆在男孩的桌子上，然后告诉他哪些需要复印、哪些需要打印、每种各需要多少份。男孩总是耐心地记录着各种要求，然后仔细地做。

有好几次，男孩的认真检查避免了公司的损失。因此，男孩真的被提拔为经理秘书了。

马上行动

一个人要想获得人生的幸福,那么每一天都应该勤奋工作。付出不亚于任何人的努力是一个长期的过程,只要坚持就一定能够获得不可思议的成就。事实证明,任何一个取得成功的人,都是因为他付出了超乎常人的努力。

小方,这些资料麻烦你打印一下。

没问题,交给我吧!

他是这样对人说的:"工作虽然简单,但是只要有超凡的耐心和细心,就会取得成功。"工作中的你倘若也能如此,具备这样的忍耐力,你也能在平淡中积聚实力,最终实现自己人生的腾飞。正如一句名言所说:"一个人如果想要获得成功,就必须付出与之相应的自我牺牲。如果期望的是较大的成功,就需要付出较大的自我牺牲,如果还想取得更大的成功,那就意味着更大的自我牺牲。"

当我们观察成功人士所处的环境时，会发现他们的背景各不相同。那些大公司的经理、著名的传教士、政府高级官员以及各行业的知名人士可能来自贫寒、破碎家庭、偏僻的乡村甚至于贫民窟。这些人的成功无不是源于努力，并且是超乎常人的努力。

全世界最早的现代成功学大师和励志书籍作家、曾经影响美国两任总统及千百万读者的拿破仑·希尔深知成功就是一连串的奋斗。对此他特意讲了一个故事：

"我最要好的朋友是个非常有名的管理顾问。一走进他的办公室，马上就会觉得自己'高高在上'似的。办公室内各种豪华的摆设、考究的地毯、忙进忙出的人潮以及知名的顾客名单都在告诉你，他的公司的确成就非凡。但是，就在这家鼎鼎有名的公司背后，藏着无数的辛酸血泪。他创业之初的头六个月就把十年的积蓄用得一干二净，一连几个月都以办公室为家，因为他付不起房租。他也婉拒过无数的好工作，因为他坚持自己的理想。他也被顾客拒绝过上百次，拒绝他的和欢迎他的客户几乎一样多。就在整整七年的艰苦挣扎中，我没有听他说过一句怨言，他反而说：'我还在学习啊。这是一种无形的，捉摸不定的生意，竞争很激烈，实在不好做。但不管怎样我还是要继续学下去。'他真的做到了，而且做得轰轰烈烈。我有一次问他：'工作把你折磨得疲惫不堪了吧？'他却说：

'没有啊！我并不觉得那很辛苦，反而觉得是受用无穷的经验。'看看'美国名人榜'的生平就知道，这些功业彪炳千秋的伟人都受过一连串的无情打击。只是因为他们都坚持到底，才终于获得辉煌成果。"

拿破仑·希尔正是希望通过这个故事，告诉人们，天下没有不劳而获的事，成功需要一连串的奋斗，如果我们能够不忘时刻积累经验、总结教训，做到不断学习的话，那么，即使失败，你也可更上一层楼，终有一日可以实现你的理想。

可见，我们一定要形成勤奋努力、不拖延、勤勤恳恳的做事习惯，因为只有努力奋斗才会充实你的人生，这就是你的人生不断增值的砝码。

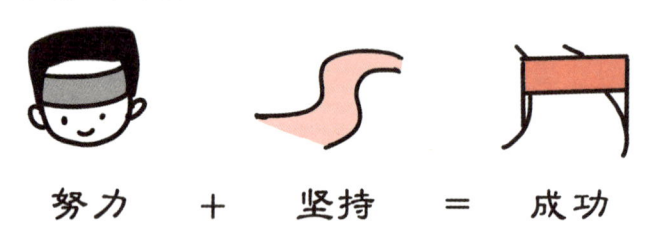

努力 ＋ 坚持 ＝ 成功

总之，身处职场的我们，必须要记住，要想抓住机遇，想要在职场做出成绩的话就要秉持着今天要比昨天好、明天还要比今天进步的态度，每天实实在在去努力。我们工作的目的之一就是实现自身的价值，而这不就存在于那努力不懈的付出、脚踏实地的行动，以及兢兢业业的求道中吗？对手头的每一样工作都"异常认真"，做到不拖延、不马虎，这种看似傻的工作态度，如果能长期坚持下去，必当能在职场实现你的卓越人生。

做点分外事，其实不吃亏

生活中，你是不是经常遇到这样的情况，上班时间，突然来了一个老板的快递但老板不在，签还是不签？朋友最近经济状况出了点问题，他并没有找你借钱，你帮还是不帮？看到会议室的材料掉在地上，你是捡还是不捡？诸如此类的分外事随时都有可能发生，你是做还是不做？

可能很多人会这样回答：当然不做，既然是分外事，何必多此一举。的确，在我们工作的周围，一些懒惰的人不仅表现出对自己的工作拖拉马虎，他们更十分"聪明"，害怕多做任何一点额外的工作。但事实告诉我们，那些被老板提拔的人都有个共同的特点：他们对工作始终充满着春天般的热情，只要有闲暇时间，不会对别人说"不"，那些人缘好、处处受欢迎的人，总是对他人仗义相助；那些成功人士，都因为机缘巧合遇贵人相助。其实，无论是在职场还是在整个人际关系中，多做些事，都不吃亏，因为你可能会因此得到额外的收获。

我们先来看下面一个关于财富故事：

曾经有一个年轻人，他在一家小旅馆当服务员，一直勤勤恳恳地工作。

这天晚上，一对老夫妇来开房间，但旅馆房间已经没有了，这下，老夫妇犯难了，因为他们真的没有地方去了。怎么办呢？

年轻人很爽快地说，让老夫妇睡自己的房间，正好自己要值班，然后，他将自己房间的床单和被褥都换了，他自己则趴在柜台上睡了一夜。

第二天，老夫妇看到这种情景很感动，认为这个青年人很善良。他绝对没有想到这对老夫妇就是希尔顿饭店的老板，而且没有子女，于是他做了希尔顿家族的接班人。

这名年轻人居然能从一名旅店服务员跻身于上流社会，与这对老夫妇的带领和引荐不无关系，当然，这是机缘巧合。但却告诉我们一个道理，职场工作，我们若想得到"分外"的回报，就不要总是置身事外，就要多做一些"分外"事。

不少人都认为做额外的事会吃亏，也没有多做事的意识，殊不知，作为一名员工，只要是与企业利益相关的，无论是分内还是分外的事，都应该尽力做好。

事实上，聪明的职场人，从不介意多做事，因为他们深知为他人、为企业多做一些事，有时候只是举手之劳，并且，还能为自己赢得更多的支持。当然，某些情况下，我们简单的一句慰问和关心的话语都能有此效用。

陈婷婷是一家大公司的小主管，负责采购的一些小事宜，有一次，公司采购部的车出了问题，而刚好总经理专用车司机刘师傅的轿车停在附近,出于方便,刘师傅准备载她一程,于是她第一次坐刘师傅开的轿车。当时正值上下班高峰时间,路上交通拥挤,而陈婷婷还赶时间,刘师傅也着急得不得了。这时,陈婷婷开口安慰刘师傅道:"刘师傅,这么多年,你每天都要在这样的交通状况下负责经理的出行,真是很辛苦啊。"想不到这句衷心的关心之语,使刘师傅非常高兴。因为他已经做经理司机十年了,十年来,连经理都没跟他说过一句:"辛苦了。"刘师傅感动得不得了。后来,刘师傅对当时的情景还念念不忘,在私下里经常主动帮陈婷婷的忙,再后来陈婷婷升到采购部经理的时候,他还时常地夸奖陈婷婷,说总经理体恤下属、慧眼识英才等。

故事中的陈婷婷,之所以会与刘师傅结下良好的关系,就在于其简单的一句关心的话:"辛苦了。"生活中,我们每个人都在为自己的工作忙碌着、辛苦着,我们都希望自己能得到他人的理解、肯定和关心,如果有人能对我们说出"辛苦了"三个字的时候,我们一般都会心生感激。

当然,我们在职场多做事并不是为了达到获得他人支持的目的,这只是一种负责任的工作态度,只有你有这一意识,并化为行动,才能成就好的工作效率、积极的工作热情和拼搏的进取心,同样,你也会因此而获得更好的职场前景。

因此,即使你只是一名公司的最基层员工,当你接到一项并不属于你职责范围内或者你并不喜欢的工作时,无需抱怨,更不要心理失衡，你应该欣然接受并努力完成，在做事的过程中，你能积累到他人没有的经验，并获取知识，最终会成为企业岗位上重要的人才，你也会实现你的价值。所以说，我们多做一些事并不吃亏，因为企业最需要的也是这样不怕吃亏的员工。

第8章

拒绝完美的心理策略：终结完美主义者的拖延症

> 这件事不做没有任何影响。

在我们的生活和工作中，总有这样一类人，他们对人对事都要求绝对的完美，在做事之前，他们会思虑再三，确保毫无瑕疵才会实施，此时，他们已经浪费了行动的最佳时机。而一旦有什么事没做到位，便内心焦躁、寝食难安，陷入糟糕的情绪中。这种人就是我们常说的完美主义者。做事认真、仔细固然是好事，但是过于苛求，则明显会降低做事效率，甚至让你成为拖延症一族。

追求细枝末节上的完美只会耗费过多时间

我们都知道，认真是做好一件事情的前提，如果对什么事情都敷衍了事，草草出兵，草草收兵，必然做不好。精益求精、追求完美，这是一种积极的表现，如果人们都懒懒散散、满足于现状，那我们将会止步不前。因此，可以说，追求完美并没有什么不好，相反，很多时候，它对我们的能力、知识、经验等方面都大有益处。我们发现，任何一家企业，都强调员工一定要严格要求自己。然而，凡事都有个度，追求完美到了一定的地步就变成了吹毛求疵。而且，从做事效能的角度看，一个人过多地把精力放到了细枝末节上，必定会耗费时间，长此以往，我们就会变得行动缓慢。

在我们的身边，总有这样一些人。如果一件事情没有做到自己满意的程度，那么必定是坐立不安，很不舒服。打个简单的比方，为了确保无误，一份财务报表他会核对几遍甚至几十遍；与客户谈好生意，为了保证客户对产品满意，总是不停地打电话追问；明明能在电话里或邮件中解决的问题，非要面谈；出门前，为了能让自己看上去更精神，会花一小时去挑选衣服……什么事情都有个度，追求完美超过了这个度，就会降低我们的做事效能，毕竟每天只有24个小时，在一件事上消耗过多的精力，也就无法完成工作计划。

琴琴是某家公司新聘请的文员，她一直是个追求完美的人。无论上司交给她什么任务，她都努力做好。

有一天，她的女上司说："这份资料是急着用的，你把它分成两份，各打印200份。"

于是，她开始了自己的工作，而在打印中，她发现，居然有很多错别字，于是，她耐心地把这些错别字改正了，她原以为上司会夸奖她，但事实上，她却因为没按时把资料交上而挨了上司的骂，而最重要的是，那些在她看来是问题的错别字，却是公司的一些专业术语，改过后的正确的字自然也改变了原本意思，为此，她闹了个大笑话……

看完这个故事，你想到了什么呢？女员工琴琴为什么会闹出这样的笑话？因为她太苛求细节了，重视细节固然是好事，是一个人负责任的表现，但过分苛求细节有时却是好心办坏事。而且，在你看来的完美在别人眼里却不一定很完美，因为任何事物都是相对立的……

那些做事追求完美的人之所以会过分认真，是因为他们很在乎周围人的看法，害怕一些负面的评价，其实，谁也不会因为一个错误而成为不合格的人。生命像是一场球赛，最好的球队也有丢分的记录，最差的球队也有辉煌的一刻。我们的目标是——尽可能让自己得到的多于失去的。那么，过分追求完美的人该如何去调整自己呢？

1. 自己的事情自己做，养成细心的习惯

如果你是一名上班族，那么，出门前你就该整理好当天要用的文件，如果你忘记了，那么，你一定会吸取教训，时间一长，必然会变得细心了。

2. 从生活中开始培养自己严谨的做事习惯，减少拘泥于小事的时间

不难发现，如果一个人连自己的房间都一团糟，鞋子东一只西一只，那么，他必定也是个做事丢三落四、凭兴致行动，行为没有顺序、思考缺乏条理的人。因此，你需要从生活中的小事做起，不断培养自己良好的生活习惯，减少自己的马虎和粗心。

第8章 拒绝完美的心理策略：终结完美主义者的拖延症

马上行动

俗话说："计划赶不上变化。"无论你想把事情做得多么完美，那都是不可能的。所以只有注重事情的细节，认真尽心地把事情做得更好，而不应该苛求完美。

常用的方法是：自己整理自己的衣橱、抽屉和房间，培养仔细、有条理的习惯；自己安排自己的课余时间和复习进度表，培养有计划、有顺序的习惯。天长日久，你就会变得思维严谨起来，做事有规划了，自然也就不会把过多时间耗费在细节上了。

每个人都深知细节的重要性，细节虽然小，但若是不注意，就会酿成大错。因此，注重细节是做好一件事的前提。然而，不得不承认的是，我们做任何一件事，都不可能做到面面俱到，如果你太过追求完美，一定会精疲力竭。其实，时间在一分一秒不停地过，而一切都不是静止不变的，生活也在改变，就算你在这方面把事情做得很好，但没有多久随着事情变化的趋势，再从另一个角度看，或许就不是那么完美了。

摒弃完美主义，抓大放小只做有意义的事

生活中，我们常常听到身边的人说："做人，别指望所有人都会喜欢你。"其实，这句话也可以运用到我们的工作中，也就是说，要想高效率地做事、不拖延，我们就不要试图把每件事的细枝末节都做到完美。时间是绝对有限的资源，你选择了做某件事情，就隐含了放弃做别的事情。"做别的事情"就是你的"机会成本"。所以，我们做事情的标准，不是"某件事有没有意义"，而是"某件事是不是最有意义"。

小刘因为工作努力，年纪轻轻就当上了一家食品公司的车间主任。从事这个行业以来，他一直兢兢业业，也深受上级领导的赏识和信任，但他也有自己的苦恼：身为车间主任，原本他的工作是管理工人，但实际上，很多时候，面对工人们的懒惰，他实在无法管理。

比如，上个星期一，他要去外地出差，临走之前，他交代员工要将客户催紧的一批货赶出来，并且要严把质量关。

小刘心想，在他回来之前这批货应该能出厂了。但情况出乎他的意料，当他回到公司以后，发现这些工人不但没有赶工，反倒忙自己的事情去了。

第8章 拒绝完美的心理策略：终结完美主义者的拖延症

马上行动

真正懂得高效率做事的人，一定是懂得如何舍弃的人。我们必须要掌握一个原则——确保自己永远在做最重要的事。这样，能为我们省去很多不必要的麻烦，也绝不会有太大的风险。这样工作就进行得快多了。

气急了的他问员工小王："我交代你的事情你做好了吗？怎么有时间玩手机？"

"是吗？这批食品不一直都是A组负责吗？"小王很诧异地回答道。

小刘又找A组的小秦，没想到小秦的回答是："您出门之前不是找了B组的人谈话吗？"

此时的小刘已经什么都不想说了，现在他能做的，就是拖着疲惫的身体替员工干活。

小刘在工作中出现了什么问题？他是一名管理者，他的工作重心应该是管理，而不是亲力亲为去做下属的工作。

许多人都已经意识到了完美主义给自己带来的困扰，然而他们却不敢面对这个问题。害怕因小失大，造成错误。

于是，他们迟迟不敢动手，总是希望能将计划做得天衣无缝，总是认为能将所有的事处理好，殊不知，时间就这样被白白浪费了。

确保自己一直都在做最重要的事情，实际上也就是确保了自己的时间一直都在被高效地利用。

对此，有以下几条建议。

1. 记录时间损耗

要提高职场工作的有效性，第一步就是记录其时间耗用的实际情形。事实上，许多企业的管理者都经常保持这样的一份时间记录，每月定期拿出来检讨。至少，有效的管理者往往以连续三四个星期为一个时段，每天记录，一年内记录两三个时段。有了时间耗用的记录样本，他们便能自行检讨了。

> 今天在XX事上耗费的时间太多了。

> 下午就要开会，我得先准备资料，其他事先等等。

> 这件事不做没有任何影响。

2. 要专注，也就是说"一次仅做一件任务"

在中国大多数公司，人们越来越忙碌。尤其是那些高层领导者其忙碌的情况，简直不可思议！除了众多的出差外，就是数不清的会议，工作负担越来越重，但结果却都是毫无意义的居多。其实，仔细分析原因，我们发现，他们同时专注的事情太多了，什么都想做，什么都想管，结果什么都做不好。因此，你若想提高工作效率，就应该从本质上消除"兼顾"的想法，一次仅做一个任务。

3.学会舍弃一些不必做的事

将时间记录拿出来，逐项逐项地问："这件事如果不做，会有什么后果？"如果认为"不会有任何影响"，那么这件事便该立刻取消。

然而许多大忙人，天天在做一些他们觉得难以割舍的事，比如应邀讲演、参加宴会、担任委员和列席指导之类，不知占去了多少时间。其实，对付这类事情，只要审度一下对于组织有无贡献，对于他本人有无贡献，或是对于对方的组织有无贡献。如果都没有，完全可以谢绝。

总之，我们要想提高工作效率、杜绝拖延的话，就一定要摒弃完美主义。找出那些根本不必做的事，这些事做了也完全是浪费时间，无助于成果。

完成比完美更靠谱

在我们的周围，有这样一些人，他们工作认真、能力突出、勤勤恳恳，一些能力不如他们的人都已经成绩十分显著了，但他们却总是无法成功，究其原因是什么呢？在排除其他因素的情况下，他们很可能是陷入了完美主义的泥沼。

不知你是否有这样的感受：在当你着手准备做某件事前，总感觉计划不周密，于是，为了完善你的计划，你迟迟未动手；在接到上司的某件任务时，你发现上司的方案有个不如意的地方，为此，你花费了大量的时间去求证，最终也延误了上交任务的时间。

如果你有这样的表现，那么，很有可能你是一位完美主义者。对于完美主义者而言，他们着眼于细枝末节的事，认为要做好一件事，必须考虑每一个因素，然而，世界上本就不存在绝对的完美，它只是乌托邦式的美好愿望而已。我们在做一件事时，完成远比完美更靠谱。举个简单的例子，领导交代给我们某个任务，他要看到的只是工作成果而已，并不是完美无瑕的艺术品，如果我们一味地考虑其中可能出现的漏洞而不去实现的话，那么，在领导眼里是看不到你的努力的。

第8章 拒绝完美的心理策略：终结完美主义者的拖延症

马上行动

凡事都有个度，追求完美到了一定的地步就变成了吹毛求疵。如果不达到想象中的彻底完美誓不罢休，那就是和自己在较劲了，长此以往，不但会让我们养成拖延的坏习惯，还会让我们的心里有解不开的疙瘩，我们自己也会渐渐承受不了这种越来越沉重的负担。

绝对完美的事是不存在的。任何一个高效率的工作者，也会秉持"八分原则"，也就是允许二分的瑕疵存在。

如果我们细心地观察就会发现，我们周围那些忙碌、不拖延的人，也多半是机动灵活的，他们总是能以80分就可以的态度完成十分艰难的工作。而完美主义者，因为总是将精力放到过多的细小问题上，要么拖延不动手，要么放缓了行动的速度。要知道，我们若想在这个高压的现代社会更快乐、轻松地生活，还是应该摒弃完美主义。

有一个富翁因为实在太富有了，所以凡事都要求最好的。

有一天他喉咙发炎，这不过是一个小毛病，任何一位大夫都可以看得好，但是由于他求好心切，一定要找到一个最好的医生来为他诊治。

他花费了无数的金钱，走遍了各地寻找医病高手，他一地一区地走，每个地方的人都告诉他当地有名医，但是他认为别的地方一定还有更好的医生，所以他又继续再找。

直到有一天他路过一个偏僻的小村庄，扁桃体早已恶化成脓，病毒变得非常的严重，必须马上开刀，否则性命难保。但是当地却没有一个医生，这个富有的人，居然因为一个小小的扁桃体发炎而一命呜呼！

其实，我们在工作中何尝不是如此呢？无关紧要的瑕疵并不会影响我们的表现，也不会给别人留下不好的印象，那又何必如此固执呢？

完美主义者不仅对待工作吹毛求疵，对待生活也是如此。他们不但苛求自己，还苛求他人，

有一个这样的笑话：一个人来到一家婚姻介绍所，进了大门后，迎面又见两扇小门，一扇写着：美丽的，另一扇写着：不太美丽的。这个人推开"美丽"的门，迎面又是两扇门，一扇写着"年轻"的，另一扇写着"不太年轻"的。他推开"年轻"的门——这样一路走下去，男人先后推开九道门，当他来到最后一道门时，门上写着一行字：您追求得过于完美了，到天上去找吧。

笑话当然是笑话，但是说明一个道理：真正十全十美的人是找不到的，我们不要过分追求完美。

的确，无论是工作还是生活中的烦恼，正是因为过分追求完美而产生的。如果我们苛求自己或别人把每一件事都做得完美无缺，那么我们将会失去很多东西。这个世上本来就没有完美的东西，如果一味地追求，最后得到的反而是不美。

总之，人生是没有完美可言的，完美只是在理想中存在，

我们的工作和生活中总是有令人不满意的地方。事实上，追求完美的人是盲目的。"完美"是什么？是完全的美好。这可能吗？"凡事无绝对"，哪里来的"完全"？更不要提"完美"了。既然没有"完美"，那又为什么要去寻找它呢？

第9章

高效执行的心理策略：在行动中赶走拖延的小偷

成功人士的秘密——马上执行！

人们总说："拖延和犹豫不决是一对孪生兄弟。"无论做什么事，都有个最佳时机，而犹豫不决、瞻前顾后地拖延只会让机遇与我们擦身而过，任何一个成功者必定有着做事果断的品质。如果你也希望成为一个高效做事的人，那么，你就必须要养成立即执行、绝不拖延的习惯。

快速决定：拖延会毁掉好的决策

机遇是随处可在的，这一点，无论是对于个人还是企业都是一样。但是，机遇之所以为机遇，还因为它是极少见的、转瞬即逝的，因此，如果你想抓住机遇，那么，必须要有一个品质，那就是果断。只有当机立断，勇敢去行动，才有可能取得成功；如果一味犹豫不决，瞻前顾后，思前想后，等你下定决心的时候就只能看别人的成功了。

因此，再好的决策也经不起拖延。在做出一项正确的决策之前，速度是关键。无论你是一名普通职员还是某些行业内的领跑者，都必须具有迅速做出一项正确决策的能力；思虑太多，会阻碍你迅速做出决策；任何一项正确的决策，都是当下做出来的。

很多时候，我们都在浪费太多时间来预测未来，以致延误了做出决策的时机。我们先来看下面这个故事：

王安博士是华裔电脑名人，在他5岁时，曾有一件影响他一生的事。

一天，他外出玩耍，经过一棵大树时，突然掉到他头上一个鸟巢，从里面滚出了一只嗷嗷待哺的小麻雀。小孩的心是善良

第9章 高效执行的心理策略：在行动中赶走拖延的小偷

的，于是，他决定把它带回去喂养，便连同鸟巢一起带回了家。

走到家门口，忽然想起了妈妈不允许他在家里养小动物。他轻轻地把小麻雀放在门口，急忙进屋去请求妈妈，在他的哀求下妈妈破例答应了儿子。王安兴奋地跑到门口，不料小麻雀已经不见了，一只黑猫在意犹未尽地擦拭着嘴巴。

王安为此伤心了很久。

从此，他记住了一个很大的教训：只要是自己认定的事情，绝不可优柔寡断。犹豫不决固然可以免去一些做错事的机会，但也失去了成功的机遇。

也就是因为他记住了这个教训，所以王安在人生的道路上成就了一番大事业，成为了电脑界的华裔名人……

这只是一件小事，但告诉我们，我们的一次迟疑很可能就延误了行动的最佳时机。行动的天敌就是拖延，停止拖延的最好方法就是马上付诸行动。犹太人占全球的1%，但全球7%的财富掌握在他们手中，因为他们是行动的主人。犹太人做任何事都尽最大的努力，从来不把今天的事留给明天。同时，他们做事坚决果断，这是成功者最为重要的内在素质。

不论要干什么，都要把握住适当的分寸和尺度，所谓"该出手时就出手"。一旦错过了最好的时机，你可能会一无所得。在两难的抉择中，敢于决断是一个人成功的关键。假如我们面对选择时犹豫不决，无法果断地做出决定，将会一事无成，甚至有可能还会埋下祸根，为自己带来一连串的失败的打击。

这就要求我们必须做到以下两点。

1. 决策要果断

《论语·子路》里有句话："言必信，行必果。"意思是说话一定要守信用，做事一定要果断。

要想果断，一个人必须有明辨是非的能力，并能迅速分析情况，然后适时作出决定。诚然，果断要求的是速度，但绝不是武断，具有武断性的人往往懒于思考而轻易做出决定。他们虽然也能快速做出决定，但往往欠缺周全的考虑，因此，他们做出的决定大部分是主观的。

2. 在抓住机会的同时，也要迅速行动

要成功，除了要抓住机会，还要行动迅速。在机遇面前，千万不可犹豫，只有抓住机会，将构想赋予行动才会有意义，才能领先对手，抓住机会取得成功。

第9章 高效执行的心理策略：在行动中赶走拖延的小偷

在2003年年底，TCL收购法国阿尔卡特的手机业务，率先吹响了"全球规模"的中国企业国际化号角，2004年年底联想又一举吞并了美国IBM公司的全球PC业务，进一步掀起了中国企业"全球规模"国际化高潮。我们把这几个问题拼图起来，慢慢就看清了事情的全貌：国际化有渐进式的"自我扩张型"，也有跳跃式的"局部规模"购并国际化和飞鸟凌云式的"全球规模"购并国际化。

我们在做任何决策包括实施决策的时候，都不可以优柔寡断、前怕狼后怕虎，决定的事就要勇敢地去做，只有抢先一步，才可能赢取先机，获得市场！

当然，这种在两难中做出选择的勇气，必须以敏锐的洞察力为基础。如果没有经过思考，没有看清问题，就盲目地做出决断，不但无助于成功，相反却可能会使你损失惨重。要知道，没有经过慎重思考，盲目决定的勇气只是匹夫之勇。你若想成为一名非同凡响的角色，你就必须学会在两难的选择中，敢于决断，敢于行动。

总之，每一个希望获得成功的人都应该将自己训练成为一个果断的人，要做到这点，你就必须解放思想，具备超前的观念和敏锐的眼光；看准了的事，应该雷厉风行、马上就干，不能患得患失、等待观望，更不能纸上谈兵、只说不干。

幸运总是降临在不拖延、抢占先机的人身上

我们都知道,在战场上,时间就是生命,错过1分钟可能造成整个战役的失败。准时、不拖延才是战役成功的前提。同样,在人生的战场上,幸运总是光临那些能够努力奋斗抢占先机的人身上。无论做什么事情,速度问题不解决,是绝对不会成功的。

速度法则不仅强调效率,更强调机遇。机遇是可遇不可求的,是最宝贵的资源。抓住了机遇,就能取得胜利;错过了机遇,失败就在所难免。要抓住机遇,就要保证速度;机遇也是在速度中产生的。

每成一事要比别人先走半步。历史经验证明:能否做到快半步,往往会决定一桩事情的成功或失败。竞争如同弈棋,一招失先,则步步落后。一招占先,则步步主动,利于掌握全局。

海獭属于鼬科动物,成年海獭体长1.5米,体重在40千克左右。它们生活在阿留申群岛周围的海域中,智能在某些方面超过了类人猿。然而,令科学家惊叹的还不仅是海獭的聪明,而是它们对成功捕食时间的准确把握。海獭的潜水时间仅只有4分钟,也就是说,在这4分钟里,它必须潜到50米以下的海里去捕

猎，如果超过了4分钟，它就会溺死在水里。所以，时间对于海獭来说就是生命，每一次捕猎，都是以倒计时来计算的，并且必须用上整个生命。它们只能在规定的时间内捕获到食物，不然，要么会被淹死，要么就会被饿死。

把握好时机才能生存下来哦！

海獭的食物大部分是海底生长的贝类、鲍鱼、海胆、螃蟹等。由于海獭非常清楚自己捕猎的时间有限，所以每次潜入水中之后，它便目标明确地去寻找自己的猎物，一秒钟时间都不敢耽误。它的速度也异常快捷，抓到猎物后，一定要在肺里的氧气用完之前返回水面。它们没有鲨鱼那样坚硬的牙齿，也没有金枪鱼那样锋利的长枪，它们没有任何强过海里其他动物的器官或武器，也并不适合在水里生活，可是，千百年来，它们就是靠着那4分钟的捕猎时间而在海里生存了下来。

其实人生的时间并不短，跟海獭相比，我们的时间何止一千个一万个4分钟，不成功的原因也正是因为时间太过充裕，让人们有了懈怠的心理。如果给成功定一个期限，我们便没有时间怨天尤人，也没有机会犹豫不决，而是会立即在有限的时间里明确自己的目标，然后全力以赴。

在同样的机会下，谁快谁就会赢得机会，谁快谁就会赢得财富；在机会不同的条件下，后来者要用速度赢得时间，赶上前面的领先者。比尔·盖茨说："你不要认为那些取得辉煌成就的人有什么过人之处，如果说他们与常人有什么不同之处，那就是当机会来到他们身边的时候，立即付诸行动，绝不迟疑，这就是他们的成功秘诀。"

当然，现实生活中的一些机遇，是要用心去发现的。如果忽视了，这种机遇可能就毫无意义。而那些主动执行、善于创造机会的人，则能从最平淡无奇的生活中找到一丝微弱的机会，然后用自身的行动改变了他们的处境。

其实，机遇的出现，虽然带有一定的偶然性，但又以必然性为基础。如果你有足够的勇气，敏锐的观察力、判断力，机遇就可以被"创造"出来。莎士比亚曾说："聪明人会抓住每一次机会，更聪明的人会不断创造新机会。"这是说我们对待机会要选择主动的态度，甚至要用我们的行动增加机会出现的可能性。

机遇无处不有，无处不在，关键是看你能否把握住它。机会只对那些勤奋工作的人才有意义。无论是过去、现在或是将来，最有希望的成功者，并不是天才出众的人，而是那些既善于抓住机遇，又善于创造机遇的人。

形成条理，优先处理最重要的事

现代社会，时间已成为一种有限的资源，所以人们似乎总觉得时间不够用，总是觉得效率不高，最重要的是，一些看来重要的事似乎总是被落下，这是为什么呢？其实，这主要是因为人们总是把那些最重要的事情放到最后处理，而人的精力总是有限的，当我们工作一段时间后，势必会觉得疲乏，那些最重要的事也就无心处理了。

因此，如果我们在做事之前先静下心来，厘清思绪，合理安排，列出事务处理的先后顺序并将重要的事优先处理，那么，事情往往会达到事半功倍的效果。

这天，伯利恒钢铁公司总裁查理斯·舒瓦普会见效率专家艾维·利。

见面不久，利就称他能帮助舒瓦普把他的钢铁公司管理得更好。而舒瓦普却说自己很擅长管理，不过事实上，他的管理确实不怎么令人满意。他告诉利，他已经不需要那些书本上的管理知识了，他需要的是实际行动，需要的是如何更好地执行计划。

接下来，利说可以在10分钟内给舒瓦普一样东西，这东西能使他的公司的业绩提高至少50%。然后他递给舒瓦普一张空白纸，说："在这张纸上写下你明天要做的最重要的六件事。"过了一会儿又说："现在用数字标明每件事情对于你和你的公司的重要性次序。"这花了大约5分钟。他接着说："现在把这张纸放进口袋。明天早上第一件事情就是把这张纸条拿出来，做第一项。不要看其他的，只看第一项。着手办第一件事，直至完成为止。然后用同样方法对待第二件事、第三件事……直到你下班为止。如果你只做完第一件事情，那不要紧。你总是做着最重要的事情。"

利又说："记住，以后每天你都要这样做，如果你觉得这种方法奏效，那么，请你的职员也这样做。这个实验你爱做多久就做多久，然后给我寄支票来，你认为值多少就给我多少。"

这场见面会才不到半个小时，但就在几个星期后，效率专家艾维·利就收到了一张25万美元的支票，还有一封信。信上说从钱的观点看，那是他一生中最有价值的一课。后来有人说，五年之后，这个当年不为人知的小钢铁厂一跃成为世界上最大的独立钢铁厂，而其中，艾维·利提出的方法功不可没。这个方法为舒瓦普赚得一亿美元。

的确，生活中很多人都感到时间不够用，觉得自己太忙，但却总是把那些重要的事一拖再拖，以至于总是忙不出头绪来。

我们常常有这样的感触：除了工作，我们还需要生活、休息，还需要娱乐，我们要做到的事情实在是太多了。单以工作为例，我们也有做不完的报表，开不完的会，见不完的客人……

于是，我们会选择做个时间计划表，时间被安排得满满当当，所有事务也都被安排进去，但实际上，我们在执行的时候，依然发现很难完成。这是为什么呢？因为这份计划表缺乏条理性。

无论工作还是生活，是要有章法的，不能眉毛胡子一把抓，要分轻重缓急！这样才能一步一步地把事情做得有节奏、有条理，达到良好结果。法国哲学家布莱斯·巴斯卡说："把什么放在第一位，是人们最难懂得的。"那么，我们该如何有计划地安排自己呢？

每天开始都有一张优先表，把事情按先后顺序写下来。

每天一早挑出最重要的三件事，当天一定要能够做完。而且每天这三件事里最好有一件重要但是不急的，这样才能确保你没有成为急事的奴隶。

把一天的事情安排好，这对于你成就大事情是很关键的。这样你可以每时每刻集中精力处理要做的事。但把一周、一个月、一年的时间安排好，也是同样重要的。这样做给你一个整体方向，使你看到自己的宏图。

真正的高效能人士都是明白轻重缓急的道理的，他们在处理一年或一个月、一天的事情之前，总是按主次的办法来安排自己的时间。

第10章

心念目标的心理策略：让你找到动力不再拖延

不得不承认，对于不少拖延者来说，他们迟迟未着手去做一件事的原因之一就是缺乏目标，也有一些人并不是没有去做，而是一直在瞎忙，但无论如何，他们都未做成事。为此，我们有必要明确一点：你到底该做什么，该怎样做。相信你只要明确目标，就能找到不拖延、立即行动的动力。

目标明确，不在瞎忙中浪费时间

我们发现，在我们生活的周围，总是有不少人在抱怨时间不够用，你是否也有这样的感触：你的工作越来越忙了？你出席的会议更多了？你是否在办公桌上吃午饭？你甚至连假期都被占用了？当其他人提起事半功倍这一词时，你是否由衷地感到厌恶？那么，你忙出成果了吗？如果你的回答是否定的话，那只能证明你是在瞎忙。你为什么那么忙？因为你的目标不明确。确实，任何一个忙碌中的人都希望能高效地做事。但要做到这一点，你首先应该明确自己到底该做什么。

美国作家福斯迪克说得好："蒸汽或瓦斯只是在压缩状态下，才能产生动力；尼亚加拉瀑布也要在巨流之后才能转化成电力。而生命唯有在专心一意、勤奋不懈时，才可获得成长。"我们要做到勤奋和专心，就要有明确的目标和计划。每个人每天都拥有24个小时、86400秒，时间分配给每个人都是公平的，然而这一天时间，我们需要做的事情太多，所以我们必须要学会有的放矢，不盲目做事。

那么，该怎样制定学习目标呢？我们先来看下面的故事：

一位父亲带着三个儿子到沙漠中去猎杀骆驼。到达目的地后,父亲问大儿子,"你看到了什么?"大儿子回答:"我看到了父亲、沙漠和骆驼。"父亲又问二儿子:"你看到了什么?"二儿子回答:"我看到了父亲、哥哥、弟弟、弓箭、沙漠和骆驼。"父亲最后又问三儿子:"你看到了什么?"三儿子回答:"我看到了骆驼。"父亲满意地回答道:"答对了。"

这则寓言说明确定目标的秘诀就是"明确"。美国的一位心理学家曾经指出:"如果一个铅球运动员在比赛的时候没有目标,那么,他的成绩一定不会很好。如果他心中有一个奋斗目标,铅球就会朝着那个目标飞行,而且投掷的距离就会更远。"这个比喻非常形象,它具体地说明了我们做事时目标的重要性。当我们有了一个追求的目标时,才会有不懈的努力,向心中既定的目标前进。

人生不能没有目标,如果没有目标,你就会像一只黑夜中找不到灯塔的航船,在茫茫大海中迷失了方向,只能随波逐流,达不到岸边,甚至会触礁而毁。我们强调做事要立即行动、绝不拖延,但这并不意味着我们可以盲目做事。事实上,如果在无目标下做事,会拖延更多的时间,因为我们需要花时间重新审视自己的行为和方法。

在做任何一件事前，我们也必须做好计划，计划是为实现目标而需要采取的方法、策略，只有目标，没有计划，往往会顾此失彼，或多费精力和时间。我们只有树立明确的目标，制定详尽的计划，才能投入实际的行动，收获成功与满足。

那么，具体来说，我们该怎么做呢？

1. 制定完善的计划和标准

要想把事情做到最好，你心中必须有一个很高的标准，不能是一般的标准。在决定事情之前，要进行周密的调查论证，广泛征求意见，尽量把可能发生的情况考虑进去，以尽可能避免出现1%的漏洞，直至达到预期效果。

2. 制定计划时不要超过你的实际能力范围

比如，你想学习外语，那么你不妨制定一个学习计划，安排星期一、星期三和星期五下午5：30开始听20分钟的西班牙语录音磁带，星期二和星期四学习语法。这样一来，你每个星期都能更接近、实现你的目标。

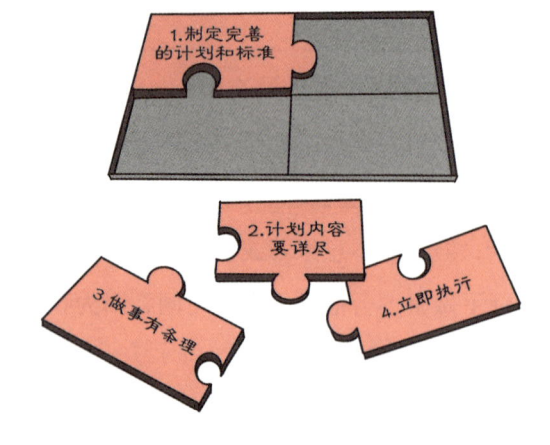

3. 做事要有条理有秩序，不可急躁

急躁是很多人的通病，但任何一件事，从计划到实现的阶段，总有一段所谓时机的存在，也就是需要一些时间让它自然成熟。假如过于急躁而不甘等待，经常会遭到破坏性的阻碍。因此，无论如何，我们都要有耐心，压抑那股焦急不安的情绪，才不愧是真正的智者。

4. 立即行动，勤奋才能产生行动

我们都知道勤奋和效率的关系。在相同条件下，当一个人勤奋努力工作时，他所产生的效率肯定会大于他懒散时的工作状态。高效率的工作者都懂得这个道理，所以，他们能够实现别人不能够达到的目标。

总之，在我们做事的过程中，若想克服拖延的习惯，就必须要让自己的心有方向，也就是说，在下定破釜沉舟的决心前，我们还要有缜密的思维和计划。

按部就班，做好每个步骤

古人云："凡事预则立，不预则废。"大到国家，小到个人，做事都必须要有计划性，只有做到缜密行事、步步为营，才能让成功多一份胜算。同样，我们无论做什么事，也不要急于求成，毕竟，做成任何事情都不是一蹴而就的。

当然，我们在制定计划的时候，应当先设定一个短小的目标，当我们完成了这一阶段的目标后，才有信心继续向更高阶段的目标挑战。一开始就将目标定得很高，我们很容易产生挫败感而减缓自己的行动。我们先来看下面一个减肥成功者是怎么养成运动的习惯的。

"我曾经是个200斤的胖子，肥胖带来的苦恼实在太多了，我常常买不到合适号码的衣服，我上公交车，大家都用异样的目光看着我，而让我印象最深的一件事，有一次，我得了阑尾炎，疼得厉害，爸妈打了急救电话，来个几个年轻的女护士，她们要把我抬上救护车，但我太胖了，女护士根本抬不动，我躺在担架上，被折腾了好久……自打这件事后，我告诉自己，无论如何，一定要减肥，这样胖下去实在太苦恼了。我也明白，对于一个200斤的大胖子来说，立即减成一个苗条的人并不大可能，于是，我给自己订立了一个运动减肥计划。在第一个月的每天，我运动一个小时，每天不吃零食；第二个月，每天运动一个半小时……刚开始的几天，我觉得每天锻炼一个小时都很吃力，因为我以前是个连走路都会大喘气的人，不过我还是坚持下来了，第一个月结束的时候，我去称了下体重，居然减了20多斤，这实在太神奇了。就这样，我继续完成了接下来两个月的锻炼计划，现在，我身上的肥肉已经都不见了，而且，最重要的是，我已经养成了锻炼身体的习惯……"

其实，和锻炼身体一样，做任何事情，都不可能"一口气吃一个胖子"。我们可以先为自己定一个可以轻易实现的目

标，这个目标的实现能增强我们的自信心，帮助我们成功克服更高的难题。

具体来说，这需要我们做到以下十一点。

1. 树立的目标是可操作的、具体的，而不是模糊的、抽象的

比如，你不能告诉自己，我要变得勤奋起来，而是要具体点，如我要在九月一日之前打扫和整理我的车库。

2. 树立的目标应该是务实的，而不是不切实际的

你要学会从小事开始养成习惯，而不要异想天开、过于理想化。比如，你不能告诉自己，我绝不再拖拖拉拉，而应该把目标具体化，如我会每天花一个小时时间学习数学。

3. 将你的目标分解成短小具体的目标

每一个小目标都要比大目标容易达成，小目标可以累积成大目标。你不应该告诉自己，我打算写份报告，而是，我今晚将花半小时设计表格。明天我将花另外半小时把数据填进去，再接下来一天，我将根据那些数据花一个小时将报告写出来。

4. 处理好时间问题

做事前先问问自己：这个任务将花去我多少时间？我真正能抽出多少时间投入其中？看看我什么时候可以开始做。上次那件事花的时间是否超出了我的预期等。

5. 只管开始做

要想一下子做完整件事情，每次只要迈出一小步。记住：千里之行始于足下。

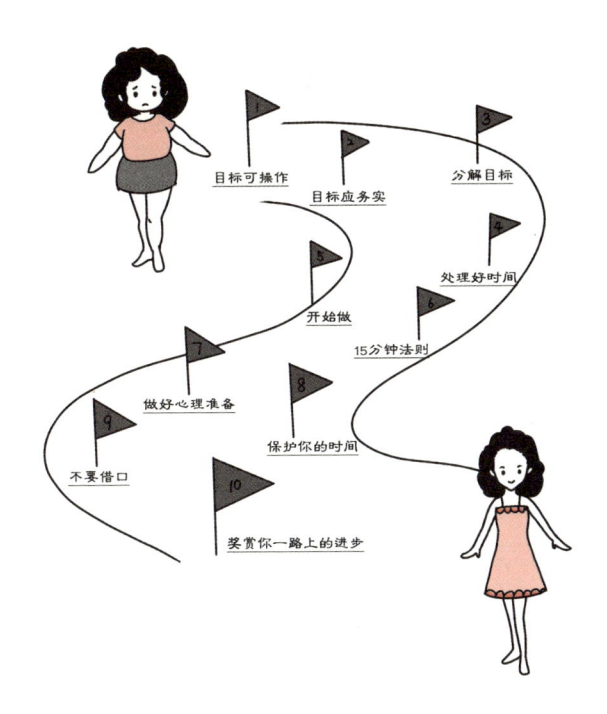

第10章 心念目标的心理策略：让你找到动力不再拖延

6. 利用接下来的15分钟

任何事情你都可以忍受15分钟。你只能通过一次又一次的15分钟才能做完一件事情。因此，你在15分钟时间内所做的事情是相当有意义的。而不是，我只有15分钟时间了，何必费力去做呢？

7. 为困难和挫折做好心理准备

当你遭遇到第一个（或者第二、第三个）困难时，不要放弃。困难只不过是一个需要你去解决的问题，它不是你个人价值或能力的反映。而不是：教授不在办公室，所以我没办法写论文了，干脆去看场电影。

8. 可能的话，将任务分派出去

你真的是能够做这件事的唯一人选吗？这件事情真的有必要去做吗？没有人可以什么事情都做——你也是。

9. 保护你的时间

学会怎样说不，不要去做额外的或者不必要的事情。为了从事重要的事务，你可以决定对"急迫"的事情置之不理。

10. 留意你的借口

不要习惯性地利用借口来拖延，而要将它看作是再做15分钟的一个信号。或者利用你的借口作为完成一个步骤之后的奖赏。而不是：我累了，或者是我饿了、很烦躁等，我以后再做。

11. 奖赏你一路上的进步

如果你实现了初步的计划，那么，你就应该奖赏自己，当然，你更应该关注自己的努力，而不是结果。

在做事的过程中，一些人总是表现出急躁的毛病，任何一件事，都是需要一些时间让它自然成熟。如果我们想一步登天的话，那只会遭到破坏性的阻碍。因此，无论如何，我们都要有耐心，先为自己制定一个可实现的小目标吧！

做好职业规划，目标明确才更有动力

任何人，都有人生的目标。身为职场人士，也应该有自己的职业目标，它是引领职业成功的关键。因为通过职业规划可以清楚地知道自己目前所在的位置，目前的职业与你的规划有怎样的偏差，它是否对你的职业生涯有帮助，你是否需要做出调整等。最重要的是，任何一个有抱负的职场人绝不会允许自己有拖延的习惯，从这一点看，我们也要为自己做好职业规划。

小陆已经是两年来第五次跳槽了。在这两年的时间里，她先后从事了性质不同的四份工作：民办学校的教师、教育机构的咨询员、办公器材的销售员、保险的推销员。这四份工作只有做教师与她的专业对口，其他都是在招聘单位急需用人，而她也急需工作的时候达成的，那时单位不考虑她的专业，她也不考虑工作的性质，只看薪水和招聘单位的承诺，只要薪水满意或者未来的薪水可以达到她的期望，她就做。

就这样，她就像走马灯似的换了四家单位，四种工作。

这一次，小陆拿着她的中文简历找到一个猎头，希望猎头能为她翻译成英文的简历。她说她看好了一家各方面都不错的外资企业，薪水尤其诱人，所以想制作一份英文简历试试运气。

这位猎头一看这份简历，发现小陆还是她大学毕业时用的简历，只是在工作经历一栏多了几行字，也只有从工作经历里才能看出这不是一个应届毕业生。猎头摇了摇头。

看到猎头的反应，小陆其实也明白自己的工作经历没有什么说服力，所以在叙述工作经历的时候一笔带过，而且把自己的四次跳槽进行了排列组合，改成了两次。

单从小陆工作的种类上来看，她所从事的职业无疑是丰富的，经历也是复杂的。但是这种经历在质量上很难让人信服，实在是缺乏说服力。为什么会这样呢？因为她没有明确自己的职业目标，不知道自己要做什么，能做什么，最终导致了职业失去了方向。

小陆的经历说明，我们要掌握在职场的主动地位，最主要的就是要有一份职业规划。你需要明确制定未来三年、五年甚至十年二十年的职业目标，给自己的职业生涯一个定位。这就是职业规划的作用，它使你能时刻感知自己的存在。

所谓的缺乏职业规划，就是指职场人士在步入职场之前或者在职场中时，缺乏对自己能力和发展的明确认识，更没有认清自己所处的职场环境。很多职场人士，他们往往处于这种"不知己不知彼"的状态中，走一步算一步，不知道自己未来的走向如何，更不知道自己可以朝着哪个方向走。不少人连初始的职业选择都存在着困难，很多人不知道自己能干什么，适合干什么，喜欢干什么。其结果，必然导致做了一份自己不愿意做的工作，或者是做了一份不适合自己做的工作，可以想见，这样只会逐步使你失去工作热情，工作散漫和拖延，前途肯定堪忧。

那么，怎样才算有一个职业规划呢？

每个人都可以给自己的职业生涯进行一个规划，规划分成长期目标和短期目标。长期目标是指自己到达某一个年龄阶段时想到达的目标，而短期目标则是近期自己可以做到的程度。两种目标应该是协调一致的，具有可发展性。

同时，在制定目标之前，你首先要做的就是了解自己。一方面是了解自己的能力和特长，另一方面要了解自己的性格特点及兴趣爱好，看能否达到一个完美的结合。如果不能，那么应该偏向于哪个角度发展则需要自己的理性选择了。

为此，你需要做到以下两点。

1. 清楚地知道自己能做什么

这是基础，因为喜欢做的事情却未必有机会去做，或者说，适合自己的事情未必有机会去做。比如，通过职业倾向性测试可以了解自己适合做什么行业，但是现实却未必能给自己这个机会。所以，自己的能力和特长才是进入职场的基础，也是和其他人竞争的实力所在。

2. 了解自己的兴趣

至于自己喜欢做的事情，可以作为长远规划来处理。

现代管理学之父彼得·得鲁克有一句话："我们大大高估了自己一年以后能够做到的事，却大大低估了五年以后自己可能做到的事。"

因此,对于那些有跳槽想法的职场人来说,你不妨先问问自己:五年之后、十年之后、二十年之后我的职业目标是什么?要达成这些目标,我还需要补充什么?意向中的那个职位究竟在哪些方面能帮助我提升?了解这些,也许对你职场前景的转换更有帮助。

审时度势，及时检查和修整你的目标

我们都知道，计划对于一个人的工作起着至关重要的作用。有了计划和目标，我们的行动才有指引作用。就连那些指挥作战的军事家，他们在战斗打响前，也都会制定几套作战方案；企业家在产品投放市场前，也会制定一系列的市场营销计划。我们学会制定计划，其意义是很大的，它是实现目标的必由之路。然而，计划是否完备、是否万无一失，是否在执行的过程中与原定目标逐渐偏离，还需要我们在做事的过程中经常检查。

可能你曾有过这样的经历：上级领导交代给你一件任务，你为此做了精心的准备，制定好了实施方案，在整个执行的过程中，你一鼓作气，认为一切完美无瑕，而当你把工作成果交给领导时，却被领导批评说这份成果已与原本的任务目标背道而驰。这就是为什么我们常常被上司、领导以及长辈教导做事一定要带着脑子，一定要多思考，以防偏差的原因。我们先来看下面一个故事：

菲菲是一名高三的学生，还有三个月，她就要上"战场"了。这天周末，姨妈来她家做客，菲菲陪姨妈聊天，话题很容易便转到菲菲高考这件事上了。

姨妈问菲菲："你想上什么大学啊？"

"浙大。"菲菲脱口而出。

"我记得你上高一的时候跟我说的是清华,那时候你信誓旦旦说自己一定要考上,现在怎么降低标准了?菲菲,你这样可不行。"

"哎呀,姨妈,咱得实际点是不是,高一的时候,树立一个远大的目标是为了激励自己不断努力,但到了高三了,我自己的实力如何我很清楚,我发现,考清华已经不现实了,如果还是抱着当初的目标,那么,我的自信心只会不断递减,哪里来的动力学习呢?您说是不是?"

"你说得倒也对,制定任何目标都应该实事求是,而不应该好高骛远啊,看来,我也不能给我们家孩子太大压力,让她自己决定上哪个学校吧。"

这则案例中,菲菲的话很有道理,的确,任何计划和目标的制定,都应该根据自身的情况和时间段,不切实际的目标只会打击我们的自信心。诚然,我们应该肯定目标的重要意义,但这并不代表我们应该固守目标、一成不变,很多专家为那些求学的人提出建议,要不断调整自己的目标。也许你一直向往清华北大、一直想能排名第一,但是根据第二步的分析,如果这些科目经过努力仍无法提高的话,就应该调整自己的目标,否则不能实现的目标会使你失去信心,影响学习的效率,因此有一个不切实际的目标就等于没有目标。

其实,不仅是学习,在工作中,我们也要及时调整自己的计划，做事不能盲目，工作的第一步应该是明确自己的目标，有目标才会有动力，有了动力才能够前进。但在总体目标下，我们可以适当调整自己的计划，这正如石油大王洛克菲勒所说的："全面检查一次，再决定哪一项计划最好。"任何一个初入职场的年轻人都应该记住洛克菲勒的话，平时多做一手准备，多检查计划是否合理，就能减少一点失误，就会多一份把握。

在做事的过程中，当我们有了目标，并能把自己的工作与目标不断地加以对照，进而清楚地知道自己的执行速度与目标之间的距离时，我们的做事成果就会得到维持和提高，自觉地克服一切困难，努力达到目标。

的确，思维指导行动，如果计划不周全，那么，就好比一个机器上的关键零件出问题，那就意味着全盘皆输。一位名人说得好："生命的要务不是超越他人，而是超越自己。"所以我们一定要根据自己的实际情况制定目标，跟别人比是痛苦的根源，跟自己的过去比才是动力和快乐的源泉，这一点不光可以用在工作上，在以后的生活中都用得着，这对我们的一生将会产生积极的影响。

另外，计划里总有不适宜的部分，对此，我们需要及时调整。也就是说，当计划执行到一个阶段以后，你需要检查一下做事的效果，并对原计划中不适宜的地方进行调整，一个新的更适合自己的计划将会使今后的工作更加高效。

因此，你可以把自己的目标细化，把大目标分成若干个小目标，把长期目标分成一个个阶段性目标，最后根据细化后的目标制定计划。另外，由于不同的工作有不同的特点，所以你还应根据手头任务制定细化的目标。细化目标也能帮助我们及时调整自己的目标。

总之，我们应该根据自己的实际情况，制定一个通过需要自己的努力能够实现的目标，并且目标的制定不是一成不变的，要根据实际情况不断进行调整。经过一段时间的实践，你一定能够确定一个给自己带来源源不断动力的目标。

参考文献

[1] 李立. 拖延心理学[M]. 北京：中国戏剧出版社，2011.

[2] 辰格. 戒了吧！拖延症：写给年轻人的拖延心理学[M]. 天津：天津人民出版社，2013.

[3] 高佑. 拖延心理学：重拾行动力·克服拖延症[M]. 北京：中国华侨出版社，2013.